MITOS E IDENTIDADES EN EL TEATRO ESPAÑOL CONTEMPORÁNEO

FORO HISPÁNICO. REVISTA HISPÁNICA DE FLANDES Y HOLANDA

núm. 27, abril de 2005

Consejo de dirección:
    Patrick Collard (Universidad de Gante)
    Nicole Delbecque (Universidad de Lovaina)
    Rita De Maeseneer (Universidad de Amberes)
    Hub. Hermans (Universidad de Groninga)
    Francisco Lasarte (Universidad de Utrecht)
    Luz Rodríguez (Universidad de Leiden)
    Maarten Steenmeijer (Universidad de Nimega)

Redacción de este número:
    Mª Francisca Vilches de Frutos

Secretaria de redacción:
    María Eugenia Ocampo y Vilas
    Toda correspondencia relacionada con la redacción de la revista debe dirigirse a:
    T.a.v. María Eugenia Ocampo y Vilas - Foro Hispánico
    Departement Letterkunde (Romaanse Talen)
    Universiteit Antwerpen - Campus Drie Eiken
    Universiteitsplein 1
    B-2610 Wilrijk
    Bélgica

Suscripciones y administración:
    Editions Rodopi B.V.
    Toda correspondencia administrativa debe dirigirse a:
    Tijnmuiden 7
    1046 AK Amsterdam
    Países Bajos
    Tel. +31-20-6114821 Fax +31-20-4472979

Diseño y maqueta:
    Editions Rodopi

ISSN: 0925-8620

MITOS E IDENTIDADES EN EL TEATRO ESPAÑOL CONTEMPORÁNEO

Bajo la dirección de

Mª Francisca Vilches de Frutos

Amsterdam - New York, NY 2005

All titles in the Foro Hispánico (from 2002 onwards) are available online:
See www.rodopi.nl

Electronic access is included in print subscriptions.

Cover design: Pier Post

The paper on which this book is printed meets the requirements of "ISO 9706:1994, Information and documentation - Paper for documents - Requirements for permanence".

ISBN: 90-420-1806-2
©Editions Rodopi B.V., Amsterdam - New York, NY 2005

ÍNDICE

ESTUDIOS: Mitos e identidades en el teatro español contemporáneo

- Mª Francisca Vilches de Frutos
  Introducción   7

- María-José Ragué-Arias
  Del mito contra la dictadura al mito que denuncia la violencia y la guerra   11

- Diana M. de Paco Serrano
  Mitos clásicos y teatro español contemporáneo. Identidad y distanciamiento   23

- Pilar Nieva de la Paz
  Las transformaciones de un antiprototipo femenino: Medea en el teatro español contemporáneo   31

- Mª Francisca Vilches de Frutos
  Identidad y mito en la escena española actual: Casandra como paradigma   43

- Wilfried Floeck
  Mito e identidad femenina. Los cambios de la imagen de Penélope en el teatro español del siglo XX   53

- Anita L. Johnson
  La recreación del mito en el teatro de Alfonso Sastre: Inversión e intertextualidad en El viaje infinito de Sancho Panza   65

ANÁLISIS

- José Rodríguez Richart
  El tragaluz, *de Antonio Buero Vallejo. Un análisis textual*   73

ARTÍCULO-RESEÑA

- Maarten Steenmeijer
  Sobre M. Mar Langa Pizarro, *Del franquismo a la posmodernidad: la novela española (1975-1999). Análisis y diccionario de autores.* José María Pozuelo Yvancos, *Ventanas de la ficción. Narrativa hispánica, siglos XX y XXI.* Fernando Valls, *La reali-*

dad inventada. Análisis crítico de la novela española actual.
Juan Antonio Masoliver Ródenas, *Voces contemporáneas.*   89

RESEÑAS

- Eva Francisca Navarro Martínez, *La nueva novela española en la última década del siglo XX.*
  por Rita De Maeseneer   101

COLABORAN   105

Mª Francisca Vilches de Frutos
Consejo Superior de Investigaciones Científicas (Madrid)

INTRODUCCIÓN

Desde mediados de la década de los sesenta las reflexiones sobre el concepto 'identidad' han ocupado un lugar relevante en la filosofía, la sicología, la sociología y el arte. A partir de entonces han proliferado los debates sobre la construcción de la identidad del ser humano teniendo en consideración sus vínculos sociales, culturales y lingüísticos. La existencia en la actualidad de cambios transcendentales de naturaleza científica y tecnológica, con un impacto indiscutible en lo económico y lo social, ha puesto de relieve la vigencia de las reflexiones sobre la necesidad de establecer nuevos modelos de identidad más acordes con la situación y el sentir del hombre contemporáneo. Sin duda uno de los más relevantes ha sido la aplicación de los avances informáticos a los sistemas económicos y de comunicación (Castells 1996, 1997, 1998), aunque no se le quedan a la zaga los descubrimientos en genética, que han posibilitado la elección de sexo y la clonación de seres vivos, obligando a modificar la legislación sobre la práctica de la ciencia y comenzar a reflexionar sobre la conveniencia de tener en cuenta el 'principio preventivo' en los nuevos enfoques científicos. (Jeremy Rifkin 2003) Conviene apuntar asimismo la influencia de los flujos migratorios procedentes del tercer mundo en la extensión del mestizaje y el multiculturalismo (Gruzinski 2000), la masiva incorporación de la mujer al mercado de trabajo, con una redefinición de los 'roles' tradicionales (Gilles Lipovetsky 1997), las consecuencias para el medio-ambiente de un crecimiento económico sostenido sin restricciones (Ramonet 2002), y la crisis de los sistemas políticos socialistas, que han llevado a Anthony Giddens (2001) a cuestionar la dicotomía entre los conceptos de 'izquierda' y 'derecha'. Los acontecimientos del 11 de septiembre de 2001 en Nueva York no han hecho sino agudizar más la sensación de desorientación generalizada, traducida en un profundo malestar, cuya verbalización ha efectuado el galardonado Premio Nobel de Economía 2001, Joseph E. Stiglitz, en su elogiado ensayo *Globalization and its Discontents* (2002).

En este contexto, pues, es cada vez mayor el número de escritores que dedican sus obras a reflexionar sobre la identidad humana, a abordar los problemas generados por la existencia de nuevos modelos sociales, a tratar de definir las emergentes relaciones surgidas por la consolidación de los mismos, y a buscar claves de comprensión para entender mejor estos cambios. En el ámbito español, durante las últimas temporadas teatrales, han triunfado espectáculos comprometidos con estas indagaciones sobre la identidad. Unos se han detenido a 'iluminar' determinados fenómenos derivados de las consecuencias del modelo económico imperante: la ruptura de los modelos familiares vigentes hasta hace algunas décadas y la marginación, soledad, violencia y drogadicción tan frecuentes en la vida de las grandes ciudades. Citemos cualquiera de las creaciones de Rodrigo García; la *Trilogía de la juventud*, de Yolanda Pallín, José Ramón Fernández y Javier García Yagüe, o títulos como *Madre Caballo*, de Antonio Onetti; *Caos*, de Antonio Álamo; *Ilusiones rotas*, de Fernando Travesí, y *La negra*, de Luis Miguel González, parte de un proyecto del grupo Teatro del Astillero denominado significativamente *Crónicas del desasosiego*. Otros han abordado los problemas de identidad provocados por el fenómeno de la emigración: desde obras pioneras como *La mirada del hombre oscuro*, de Ignacio del Moral, y *Alhán*, de Jerónimo López Mozo, hasta las últimas que recientemente han recabado el interés del público y de la crítica: *Tratado de blancas*, de Enric Nolla; *Los niños no pueden hacer nada por los muertos*, de Alfonso Armada, y la última creación de Angélica Lidell, *Y los peces salieron a combatir contra los hombres*. Además, las salas teatrales han acogido también durante estas últimas temporadas espectáculos donde se han planteado los problemas de identidad derivados de las nuevas definiciones de los roles sexuales: *5hombres.com, 5mujeres.com, Defensa del cavernícola, Monólogos de la vagina, Confesiones del pene, Confesiones de mujeres de 30, 5gays.com (despedida de soltero)*, etc.

Uno de los caminos elegidos por los escritores dramáticos para reflexionar sobre la identidad individual ha sido la recreación de mitos, a los que dotan de una nueva configuración para dar respuesta a los problemas y dudas del ser humano contemporáneo. Caracteres, acciones, relaciones y espacios sufren profundas modificaciones con el objetivo de transmitir sus percepciones sobre las relaciones de la persona con su medio y la manera en la que han influido en la identidad contemporánea. Como apuntaron en sus lúcidos ensayos Higuet (1949), Kirk (1974), Blumenberg (2003), y, en España, García Gual (2001), no es un fenómeno nuevo en el panorama literario universal. Han sido numerosos los autores dramáticos españoles que a lo largo del siglo XX han buscado su fuente de inspiración en estos arquetipos. Sin duda supone un reto intentar formar parte de la tradición al dar nueva vida a los *iconos* más arraigados en la tradición cultural, aunque no constituya su único condicionamiento, como lo demuestra, por ejemplo, el hecho de que en la posguerra española la recurrencia a éstos permitiera sortear los mecanismos de la censura e infundir en un 'adormecido' público un mensaje ideológico que suscitaba la reflexión y acciones puntuales frente a los hechos políticos y sociales de la época. Desde que Ian Watt (1996) formulara las preferencias de los artistas contemporáneos por los mitos de Fausto, Don Quijote, Don Juan y Robinson Crusoe, todos ellos surgidos de la sociedad alumbrada por el Renacimiento, el universo cultural ha entronizado otros 'iconos', algunos prestados del imaginario cinematográfico (Gubern 2002), otros del artístico, y, la mayor parte, del ámbito literario. En el teatro español contemporáneo, podemos aludir a las últimas creaciones sobre el don Juan de T de Teatre (¡*Hombres!*) y La Cuadra (*Don Juan en los ruedos*), la versión del Fausto de La Fura dels Baus (*Fausto. Versión 3.0*) y, en lo relacionado con lo artístico, los trabajos de Els Joglars sobre Dalí y las creaciones de

Alfonso Plou en torno a Buñuel, Dalí, Lorca y Picasso (*Buñuel, Lorca y Dalí, Picasso adora la Maar*).

En este volumen varios especialistas en la materia, procedentes del campo de la filología hispánica ofrecen, un panorama sobre la manera en la que destacados autores dramáticos han recreado en lengua española algunos de estos mitos.

BIBLIOGRAFIA

Blumenberg, Hans
    2003   *Trabajo sobre el mito*. 1ª ed. de 1979. Traducción de Pedro Madrigal. Barcelona: Paidós.

Castells, Manuel
    1996-1997-1998 *The Information Age: Economy, Society and Culture*. 3 vols. Cambridge/Massachussetts: Blackwell Publishers Inc.

García Gual, Carlos
    2001   *Mitos, viajes, héroes*. 1ª ed. de 1981. Madrid: Suma de Letras.

Giddens, Anthony
    2001   *La tercera vía y sus críticos*. Madrid: Taurus.

Gruzinski, Serge
    2000   *El pensamiento mestizo*. Barcelona: Paidós.

Gubern, Román
    2002   *Máscaras de la ficción*. Barcelona: Anagrama.

Higuet, Gilbert
    1949   *The Classical Tradition. Greek and Roman Influences on Western Literature*. Londres: Oxford University Press.

Kirk, G.S.
    1974   *The nature of greek myths*. Londres: Pelican Books.

Lipovetsky, Gilles
    1997   *La troisiéme femme. Permanence et révolution du féminin*. París: Gallimard.

Ramonet, Ignacio
    2002   *Guerras del siglo XXI. Nuevos miedos, nuevas amenazas*. Barcelona: Mondadori.

Rifkin, Jeremy
    2003   *El siglo de la biotecnología*. Traducción de Mª Luisa Rodríguez Tapia. México/Madrid: Grijalbo/Mondadori.

Stiglitz, Joseph E.
    2002   *El malestar en la globalización*. Traducción de *Globalization and its Discontents*. (Nueva York/Londres: W.W. Norton, 2002) Madrid: Taurus.

Watt, Ian
    1996   *Myths of Modern Individualism: Fausto, Don Quixote, Don Juan, Robinson Crusoe*. Cambridge: University Press.

María-José Ragué-Arias
Universidad de Barcelona

DEL MITO CONTRA LA DICTADURA AL MITO QUE DENUNCIA
LA VIOLENCIA Y LA GUERRA

Durante el franquismo, los mitos griegos fueron utilizados como metáfora de la situación vivida. "Esto fue Troya", "esto es una Odisea" eran frases populares. Con la 'apertura' del franquismo y hasta los años 90, las obras eran o bien de escritura anterior o reflejaban el desencanto político. La generación que 'se hace' en los 90 y se enfrenta a una situación mundial de múltiples guerras y dictaduras, vuelve a utilizar el mito como arma contra la violencia. Entre otros, lo hacen Raúl Hernández, con una prosa poética cargada de fuerza, y Rodrigo García, quien utiliza la cotidianeidad consumista para sus creaciones escénicas.

Un corrosivo humor, una despiadada visión de nuestra realidad, una crítica al poder y sus abusos, un rechazo de la violencia y de la guerra, son las constantes del teatro de la última generación surgida en el pasado siglo, unos autores que a partir de una textualidad moderna, siguen recurriendo al mito en su obra. Si la cultura occidental tiene sus orígenes en la Grecia Clásica, los mitos contenidos en la tragedia griega, serán arquetipos válidos a lo largo de nuestra cultura, otorgándoles nuevos contenidos el teatro de cada país y de cada época. Hoy, sus personajes míticos expresan la violencia de la sociedad, el rostro de tantos troyanos vencidos, de tantas Hécubas, madres de todos los hijos muertos en las guerras, de tantas Troyanas, víctimas civiles de las guerras e imagen del abuso de poder, de tantas Medeas, que han parido hijos muertos en las guerras, de las Fedras enfrentadas a la ambición de poder, de tantas víctimas del exilio...

El mito griego en el teatro español de la dictadura franquista

La experiencia política en España, tras la Guerra Civil, durante el franquismo, conduce a una crisis al país y a su teatro. Las populares frases tan oídas en los años 40 y 50: "esto fue Troya" o "esto es una Odisea" se convierten en el teatro, en metáfora que expresa la condena de la lucha fratricida, que denuncia los horrores del franquismo. En el teatro que quiere tener un compromiso con la sociedad, *La Orestiada* será metáfora de miseria, rencor y venganza durante los años de dictadura, la guerra de Troya y sus retornos serán metáfora de la historia que viven los españoles.

Gonzalo Torrente Ballester publicará *El retorno de Ulises* en 1946 y Antonio Buero Vallejo estrenará en 1952 *La tejedora de sueños*. Penélope es en ambas símbolo de esperanza de un país sin guerras ni dictaduras. En *Ritual per a Electra* (1959), de Josep Palau i Fabre, Electra simboliza la resistencia y Orestes, el héroe que regresa del exilio para que juntos salven al país. Desde el exilio mexicano, José Bergamín escribirá la más trágica de las obras basadas en Hécuba: *La hija de Dios*.[1] Como respuesta a la lucha fratricida, el rostro puro de Antígona, su deseo de reconciliación y perdón entre los hermanos que habían luchado en la guerra, han sido símbolos de deseos de paz y de democracia. "Que no muera la ciudad, que su lengua y su cultura no perezcan" son gritos recurrentes en la *Antígona* (1939), de Salvador Espriu. Desde Cataluña, desde Galicia, desde Castilla, desde el exilio, Antígona pronuncia un 'no' contra la Guerra Civil, contra la dictadura. Fue Troya, fue una Odisea, fue la censura franquista que, a la vez que obligaba al teatro comprometido con la realidad a utilizar la metáfora, impedía casi siempre tanto la publicación de las obras como su estreno.[2]

Sólo a partir de los últimos años del franquismo, se produce cierta apertura que induce a los autores a escribir obras que alcanzaban unas dimensiones a veces menos esquemáticas y directas en su significado.

Los últimos años del franquismo y la transición a la democracia

En estos años, se produce en Galicia el renacimiento de la literatura escrita en gallego; el mito es frecuente en unos años que son "o tempo dos mitos" (Lourenço 1979).[3] El mismo Lourenço, y también Xose Maria Rodríguez Pampín, abundan en un teatro basado en el mito griego, de contenido claramente político, que se centra en buena medida en el resurgir de la lengua autóctona. En el resto de España, aunque el 68 no tuviera gran influencia de no ser por el teatro independiente, *Antígona 68*, de Josep Maria Muñoz i Pujol, inserta las revueltas estudiantiles en su versión del mito.[4] Otro matiz es el de la mezcla de influencias freudianas y acaso feministas, que se refleja en la revisión de los mitos que hace Domingo Miras en su primer teatro[5] a partir de un arquetipo matriarcal de paz que se destruye con la invasión patriarcal de los aqueos.

Tras la muerte del dictador, muchas publicaciones se basan en obras escritas con anterioridad. Los estrenos llegarán ya en años de democracia. Es el inicio del 'desencanto' que sustituye a la voluntad de lucha. *¿Por qué corres, Ulises?*, de Antonio Gala, *Ulises no vuelve*, de Carmen Resino o *Antígona...¡cerda!*, de Luis Riaza son ejemplo de ello.[6]

Ya en los años 90, los autores de la generación del 'nuevo teatro' seguirán escribiendo algunas obras alegóricas de la situación política[7], pero donde hallaremos un mayor cambio será en los autores de las generaciones que surgen durante la democracia.

La generación de los años 90

Ni Luis Miguel González Cruz[8], ni Rodrigo García, ni Yolanda Pallín[9], ni Raúl Hernández, conocieron la guerra civil española ni su posguerra, pero nacieron con la guerra del Vietnam y saben de las guerras de Bosnia, Kosovo, Uganda, Chechenia, Irak.... Las guerras de Troya y de los Siete contra Tebas ya no simbolizan la guerra civil española ni retratan a la dictadura franquista. El teatro habla de las guerras de nuestro mundo contemporáneo, las del poder, las del racismo, las guerras económicas, las guerras civiles. Es un grito que rebasa los límites geográficos para hacerse universal y expresar el horror, la angustia, el rechazo hacia el mundo actual; en contacto con la joven dramaturgia europea y americana, han recibido las mismas influencias literarias, comparten el mismo desasosiego.[10] En su obra late la huella del pesimismo histórico de Heiner Müller, la de su *Medeamaterial*, el monstruo devorador de la Humanidad cuyo cuerpo se transforma en paisaje de muerte, metáfora de la civilización que se destruye a sí misma. Es el eterno viaje de la ambición: el Viaje de los Argonautas.[11]

En las últimas décadas, los mitos griegos nos ofrecen visiones de la violencia y un sentido indagatorio de nuestra identidad. A veces sombras de nosotros mismos, asesinos de esas sombras que son las víctimas infantiles asesinadas en las guerras.[12] Y el miedo, a menudo transmutado en violencia, es otra de las constantes de esta generación.[13] Violencia, desamor, soledad, deseo de huida, tienen un carácter revulsivo y profundamente trágico en Raúl Hernández[14] y alcanzan una brutalidad próxima a la ternura —por contraste de opuestos— en Rodrigo García[15], los dos autores que con mayor fuerza y constancia han tratado el mito griego en su teatro más reciente.

El mito en el teatro de Raúl Hernández y de Rodrigo García

En el pasado mítico, el tiempo de los orígenes, trata de hallar la denuncia del presente Raúl Hernández Garrido. Tres de sus obras *Los restos: Agamenón vuelve a casa, Los restos: Fedra* y *Si un día me olvidaras* representan una poética denuncia de la violencia y de las guerras de nuestro mundo.

En *Los restos: Agamenón vuelve a casa* hay dos niveles de narración bien diferenciados: el que relata la fábula, de construcción dialogada habitual entre los dos personajes –la Muchacha y el Vagabundo– y el que narra la visión del mito que nos transmite el autor y que se centra siempre en monólogos interiores de Agamenón y de Electra. La obra muestra la sociedad actual desde la perspectiva de un vagabundo —Agamenón— y una muchacha —Electra— encerrada en una casa burguesa. Es la situación de una muchacha recluida, esclavizada por una madre que quiere borrar los recuerdos del padre y que nunca la deja sola. El tema –uno de los más frecuentes en nuestro teatro contemporáneo– es el de las difíciles relaciones generacionales: el amor entre hija y padre, entre hijo y madre, un amor que sólo puede acompañarse de sangre, muerte, de deseos de evasión, porque el amor sólo se consigue con la muerte, el crimen, la sangre. El tema principal que se propone como un reto es también la huida de un mundo. Entre diferentes planos narrativos y temporales, se nos ofrece la conversación de la muchacha y el vagabundo, entre el presente y el recuerdo, intercalando en ella monólogos que narran diferentes aspectos del mito de los Atrida. La violencia suprema de la muerte se une a la imposibilidad de la huida. "No se puede borrar el tiempo transcurrido", "Su sangre baña mi piel", "Es imposible huir", serían aquí algunas de las frases significativas de la obra. No es posible rectificar el pasado ni recuperar el tiempo transcurrido. Este texto y el dedicado al mito de Fedra tienen en su título una voluntad común: la de los restos, una de las ideas que parece querer transmitirnos el autor. Así en el monólogo titulado "La Atríada", de *Los restos: Agamenón vuelve a casa*, podemos leer en boca de Agamenón:

> Viví entre los restos. Yo era un resto más. No había allí nada completo. La comida eran restos de las comidas que otros rechazaban. La ropa que llevaba eran restos de lo que los otros tiraban a la basura. Nuestra vida eran restos de vida, sin ninguna consistencia.
> (Hernández 1997: 38)

El mismo Raúl Hernández, en *Los restos: Fedra*, nos habla de una Fedra extranjera de piel oscura, en tierra extraña, una Fedra que perdió a todos los suyos en su tierra devastada por las bombas, que vive ahora en un país en el que el olor de sangre inunda las habitaciones, una Fedra que deposita su amor de madre en un hijo que no es suyo, aniquilado por el padre, y con el que sólo podrá unirse mediante la muerte trágica de ambos. El énfasis no está en la relación sexual incestuosa sino en el sufrimiento de esa Fedra, víctima de la violencia y de la guerra, emigrante, exiliada, desposeída de sus derechos. Sólo la muerte, la sangre, la huida de este mundo permiten llegar al amor. Su tragedia no tiene salida, su reflexión es: "Más valdría haberte quedado en vida sepultada." Es esta sensación de enterrada en vida por el poder, la violencia y la guerra que imperan en nuestra sociedad, la que protagoniza este monólogo de Fedra en el que se busca a sí misma explicando su horror. No se trata, sin embargo, de un monólogo. El texto tiene la estructura de la tragedia moderna en la que las palabras del coro quedan para ser elegidas por el director de escena quien tampoco cuenta con indicaciones escénicas escritas. Es la poesía del pensamiento trágico que el autor quiere transmitirnos, enfrentada a una situación aparentemente casi banal, es una voz, como las voces a las que en la obra se alude y que podemos escuchar. Es la tragedia unida a cierto drama psicológico con ribetes de posible comedia. No es Fedra el único personaje de esta obra. Hipólito es su deseo de amor, aquél en quien se proyecta; es como un niño al que su madre aconseja, protege y educa; su sexualidad le lleva a organizar orgías, su perversión le induce a buscar el placer sexual en su madre Pentesilea. La imaginada voz de Teseo nos habla sólo de noticias bélicas. Son voces de Mostar, Shebreniza, Sarajevo, Chechenia, Uganda, Golam, Belfast, Afganistán. Son ecos de todas las guerras de nuestro planeta. Es una voz que proviene de nuestros orígenes, del Minotauro. Mientras, el sufrimiento se reproduce. Mientras, Fedra es la personificación mítica del miedo, la angustia y el deseo. El hijo de Fedra e Hipólito ha de nacer.

Quizá tras la muerte inevitable de Fedra, tras su trágica agonía, podamos intuir un leve mensaje de esperanza posible en la lejanía del horizonte autorial.

También *Si un día me olvidaras* se basa en un interesante acercamiento contemporáneo al mito. Aunque los personajes proceden de *La Orestiada*, estamos aún en plena guerra de Troya y, al parecer, se trata de una guerra que no acaba nunca. El tema no es tanto la venganza, como el odio instalado en los personajes y la misma guerra. La posibilidad del incesto está siempre presente y nos remite directamente al caso de Argentina: los bebés de los 'desaparecidos' criados por los torturadores que acaban llamando padre al verdugo de sus progenitores. La obra juega constantemente con el espacio y el tiempo e incluye proyecciones para dar carácter documental. Son nombres, cifras, datos estremecedores de la realidad. La reiteración da el tono de pesadilla, acentuado por la diacronía. La estructura dramática marca los tres puntos de vista de los protagonistas: Orestes, Pílades, Electra.[16]

Ni en los textos de Raúl Hernández ni en los de Rodrigo García hallamos didascalias, ni tampoco fragmentos limitados a cada uno de los personajes. La teatralidad está contenida en la poesía hermética de Raúl Hernández, en la textualidad cotidiana, también poética, de Rodrigo García. Hay en ambos un tratamiento del mito que tiene algo de ritual y de misterio, un clima trágico lleno de violencia. Es la tragedia profunda de nuestro mundo expresada en una prosa construida como sinfonía de palabras e imágenes.

Rodrigo García parte a menudo del mito para verterlo a una inmediatez absoluta, utiliza la palabra como uno de los elementos escénicos que emanan de la acción enérgica, dinámica, directa, transgresora de los intérpretes; sus textos estimulan la creación de imágenes. Todo es transmitido a través del marco icónico del arte contemporáneo, del cine, el cómic y la televisión. En *Martillo*, Rodrigo García reflexiona sobre la violencia y para ello parte del mito de los Atridas. En una estética metateatral, el autor nos muestra su tragedia como un espectáculo contemporáneo representado para los turistas ávidos de violencia que visitan las ruinas de Micenas. Son imágenes cuya contemporaneidad parte de la historia para hablarnos de la violencia y también –como Raul Hernández– de sus restos. Una Clitemnestra embarazada de trapos, una Casandra mutilada por la guerra son grotescas imágenes que sustituyen a los míticos personajes. Es el mundo de la marginalidad y todos somos 'voyeurs' que contemplamos la violencia de un pasado reproducida en el presente. Sólo la soledad es muerte eterna. Sólo muriendo se ganan las guerras. Y al final, todo vuelve a empezar porque no es posible huir de la violencia: "¿Qué hay para comer?....sangre...lo de siempre." (García 1991: 148) Son once obras breves, procedentes del mito en las que lo fundamental es la descripción de las acciones escénicas. Son palabras como martillos. Y como siempre: muerte, sangre y una huida imposible. Sólo la frase "hasta la muerte genera vida" se abre a una desesperanzada esperanza.

Otras obras de Rodrigo García parten del mito para evolucionar hacia otros elementos contemporáneos que se relacionan con su sentido, pero no siguen la fábula griega. *Prometeo* toma como punto de partida el sacrificio que hace el titán, su actitud apasionada, que le lleva a buscar el fuego de los dioses para dárselo a los hombres y que le conduce al castigo y el sacrificio. A partir de ahí establece un paralelo con el mundo del boxeo, y otro con San Sebastián que nos llevan, ambos, a través de un texto enormemente denso, al sentimiento de dolor, de violencia, de sufrimiento, de exilio:[17]

> Niños de seis y siete años han enloquecido./ A uno se le ha puesto el pelo blanco, del miedo./ Tres meses de bombardeo constante./ Menores de diez años en la cola de los donantes de sangre./ Más de quinientos heridos apiñados en los sótanos del hospital se reparten el agua con una cuchara./ A la pregunta de adónde vas, la mayoría responde: no lo sé. (García 1996: 217)

After Sun parte del mito del hijo del Sol, Faetón, cuya carrera desbocada en su carro solar puso en peligro a la humanidad obligando a Zeus a destruirlo, y lo traslada al actual proceso destructor del entorno. Son cinco monólogos vertebrados por recurrencias repetitivas que nos hablan de la ambición, la muerte, la desesperanza y la inseguridad que hoy nos acosan, utilizando siempre elementos de la más consumista contemporaneidad. Los hallamos en su mayor capacidad engendradora de violencia en su último espectáculo:[18] *Agamenón. Volví del supermercado y le di una paliza a mi hijo.* Es la aceleración enfermiza del consumismo que está en la base de esa violencia. No hay aquí un argumento que relacione las acciones del espectáculo con el mito, pero sí están la idea y parte del texto:

> mañana, en la escuela cuando le pregunten al niño donde ha estado con las señales de paliza que lleva les dirá "¡vengo de Troya! [...] de conocer dos tipos de gente: los que especulan con el DINERO y los que especulan con los sentimientos". (García 2003: 28)

Ahí están nuestros orígenes, ahí los coloca Rodrigo García en este espectáculo en el que tras la compra familiar en el supermercado, el marido empieza a pegar a la mujer y al niño. Sería una visión familiar referida a la sociedad de consumo de no ser porque en un momento determinado esta pequeña familia decide enviar postales. Ahí están los poderosos y las víctimas de nuestra sociedad:

> una postal con la cara de Hillary Clinton que ponga: Clitemnestra. Una de Bill Clinton que ponga: Agamenón. Una de Mónica Lewinsky que ponga: Casandra. Una de Doddy al Fayed que ponga: Egisto. Una de Lady Di que ponga: Casandra.
>
> Y una del príncipe Carlos que ponga: Agamenón cornudo. Y una de los hijos de Sadam que ponga: Ifigenia. Y una de Sadam que ponga: Agamenón. Y una de Tony Blair que ponga: Egisto. Y una de José María Aznar que ponga: el mensajero. Y una de Berlusconi que ponga: Agamenón. Y una del canal 5 que ponga: el palacio de los Atridas. Y una del pueblo iraki que ponga: troyanos.
>
> Y una de unos africanos que ponga: troyanos. Y una de unos misiles Scueds que ponga: Sida. Y otra de unos palestinos que ponga: troyanos. Y una de unos cubanos que ponga: troyanos. Y una de George Bush que ponga: Agamenón.

Y una de Bin Laden que ponga: Egisto. Y una de unos rusos que ponga: troyanos. "Matando no se va a ninguna parte", dicen. Y nos proponen a nosotros que no matemos. Y mientras tanto ellos no paran de matar. Es la Tragedia que "se planifica desde el mundo industrializado".

Es la visión pesimista de nuestro mundo por parte de los autores contemporáneos. La esperanza alienta en el rechazo, a veces hermético, otras lírico y en la palabra capaz de proporcionar grandeza trágica al horror. Emerge de un teatro que indaga sobre su sentido y sobre el sentido de nuestra contemporaneidad. Expresa el rechazo de un mundo de guerra, violencia y racismo.

Hoy el teatro basado en el mito continúa respondiendo a nuestra contemporaneidad.

NOTAS

1. La edición incluye dibujos de Pablo Picasso. *La hija de Dios* es el nombre de un pueblo donde una madre –a imagen de Hécuba– vive la tragedia de la muerte de los suyos. El episodio más relevante es el de la muerte de una de sus hijas, figura comparable a Polixena. También Bergamín escribe su *Antígona y la sangre* (1983), una obra que, como su gitana y exiliada *Medea la encantadora* (1965), no quiere la sangre de los hermanos o de los hijos, no quiere la guerra. Y también con aliento poético, "Oración de Antígona", parte de *Oratorio*, de Antonio Jiménez Romero (1969), que se inscribe en la línea de protesta contra la represión política con la estética del teatro independiente, como ceremonia ritual por la mujer que se rebela contra el tirano y sus leyes injustas y que anhela la paz.
2. No podemos citar todas las obras basadas en mitos griegos que se escriben en España a partir de 1939. No lo hacemos. Y, por supuesto, hemos de decir que dado que todo mito admite lecturas no sólo diversas, sino incluso opuestas, también el teatro franquista supo de las posibilidades de utilización del mito a partir de una ideología de derechas que reforzaba los valores de la dictadura con textos que daban lugar a espectáculos ampulosos y a textos sin demasiado interés. Claro ejemplo es el de José María Pemán, afín al franquismo y autor de varias versiones de las tragedias griegas, estrenadas con grandes producciones durante las primeras décadas de la dictadura. Para Pemán, Antígona será "española y cristiana: la gran tragedia de la libertad y el amor"; su Electra, se sentará en el trono sustituyendo a Agamenón, al final de la tragedia de este nombre, y sus palabras nos recordarán las del mismo dictador Franco.
3. En esta breve historia del teatro gallego, los años 60 son calificados como "o tempo dos mitos". M. Lourenço es autor de *Traxicomedia do vento da Tebas namorado duna forca. Todos os fillos de Gallad* (1981). La obra fue galardonada en 1977 con el Premio de Teatro Abrente, el primer certamen significativo de teatro en lengua gallega. M. Lourenço tiene también obras cortas o no publicadas, dedicadas también a personajes griegos. Otro autor representativo es X. Rodríguez Pampín, autor de *Ifigenia non quere morrer, Creon, Creon* y *Alcestes*. El mito de Antígona es para Lourenço un ejército de sombras de los muertos que inician una guerrilla en el país de un tirano sin súbditos a causa de la guerra civil promovida por el mismo tirano. Ifigenia es en Rodríguez Pampín una muchacha que, para morir, exige antes ser convencida de la validez de los motivos que justifican la guerra de Troya y su propia muerte. (Ragué-Arias 1991)
4. Josep Maria Muñoz i Pujol escribió a finales de los años 60 *Antígona 68*, que permanece inédita y cuyo estreno fue abortado por la censura. *Antígona 68* organiza la tragedia a partir de dos hermanos de la muchacha que luchan en bandos opuestos: en el del franquismo represor uno de ellos, en el que clama por la libertad, el otro. Ambos se enfrentan en una manifestación y el policía mata al manifestante.

5. Estamos hablando de un teatro que hasta hace pocos años no vio la luz de la publicacón. Domingo Miras no publicó sus obras basadas en el mito hasta 1995: *Egisto, Penélope y Fedra*.
6. Es el caso de *Antígona entre muros*, de José Martín Elizondo, escrita en el exilio de Toulouse, durante los primeros años 60 y estrenada en 1988 en el Festival de Teatro Clásico de Mérida, donde pocos años más tarde se estrenaría también *¡Oh, Penélope!*, de Gonzalo Torrente Ballester, publicada en 1946 con el nombre de *El retorno de Ulises*. En tono de farsa metateatral, Ramon Gil Morales estrena en 1979, *El doble otoño de la mamá bis*. *Casi una Fedra*, cuyo tema principal es la Guerra Civil y el enfrentamiento entre republicanos y fascistas, personificado en los personajes del padre y de la madre. El desencanto se hace evidente en torno al mito de Ulises, contemplado como un falso héroe que nunca fue a la guerra o cuyo regreso a la patria carece de sentido. El mejor ejemplo de esto último lo constituyen *¿Por qué corres, Ulises?*, de Antonio Gala y *Antígona...¡cerda!*, de Luis Riaza (1983). Carmen Resino, en *Ulises no vuelve* (1981) nos presenta a Ulises, escondido en el sótano de su casa, desertor de la guerra. Antonio Gala nos muestra a un Ulises, amante de una Nausica hippy, sin deseos de volver con la aburrida Penélope. El desencanto lleva también al tratamiento en estética del absurdo de este personaje por parte de Germán Ubillos (*El llanto de Ulises*, 1983). De modo más trágico pero también en clave del absurdo lo tratará el teatro, –todavía hoy del exilio– de José Ricardo Morales, cuya *Odisea* (1969) relata un absurdo e imposible regreso de Ulises, por intrincadas calles que nunca le conducirán a su casa. Finalmente, en su particular 'teatro de la sustitución`, Luis Riaza estrenará su *Medea es un buen chico* (1981), sustitución de Medea por un homosexual, de sus hijos por perritos que no pueden morir porque son de trapo. Y, característico del desencanto, es sobre todo su *Antígona...¡cerda!*, imagen de la inutilidad de todo sacrificio, de la eterna reproducción de la corrupción política. Se inicia por otra parte en este período un leve cambio que lleva al teatro basado en mitos del ámbito colectivo al de la vida privada, un cambio que en algunos casos reivindica la libertad sexual (o la de hablar de sexualidad). Ejemplo pueden ser algunas obras de Lourdes Ortiz (*Fedra, Penteo*), que permanecen inéditas y otras de Manuel Martínez Mediero que se estrenaron en el Festival de Mérida.
7. M. Lourenço, en una *Electra*, fechada en 1994, sigue preguntándose: "Qué cousa é unha pátria?" Pero la situación ya es actual. "Aquella guerra era mejor que esta paz", nos dice el personaje del labrador. Sin embargo, estamos todavía en una alegoría política directa, en la que el personaje de Egisto simboliza a Franco y los de Orestes y Electra, a sus sucesores que, como él, también han traicionado al pueblo. Su *Os persas*, de 1995, tiene como tema el ejército frente al pueblo desarmado, *Liturxia de Tebas*, también de 1995, es un monólogo de Edipo dirigido al pueblo cuando Yocasta ya ha partido hacia la nada y él va a iniciar su exilio. Pero hallamos en estas obras elementos de contemporaneidad muy distintos a los de la época franquista. *Agamenón en Aulide*, que completa esta trilogía de Lourenço, es alguien que conoce su destino y que quiere ser otro ser, es alguien que tiene horror al espejo. (Las obras, están publicadas en el número de 1995 de *Cuadernos de dramaturgia galega*).

No hay cambios en la estética de Luis Riaza en relación con su teatro estrenado y publicado en los 80. Seguramente porque sus obras inéditas en los 90, son, como las de los primeros 80, revisiones y refundiciones de otras escritas con anterioridad a 1975. El teatro de Riaza es una utilización del mito para su desmitificación por la vía del humor, es la creación de una ceremonia de la destrucción. Es, como él dice, una literatura de sustitución, una reflexión ritual sobre el propio signo, un mundo formado por muñecos de trapo, un mundo de "bichos" de bufones grotescos y sirvientes envilecidos, manipulados por el deseo de perpetuación de los poderosos. Y lo dicho sirve tanto para las ya citadas *Medea es un buen chico* y *Antígona...¡cerda!*, como para las inéditas hasta ahora: *Los pies* y *Las máscaras*, ambas en torno al mito de Edipo, para preguntarnos: "¿Dejará algún día de rodar la rueda de las resurrecciones?" La sustitución del sacrificio de Ifigenia, comentado por los actores, es el tema de la tambien inédita, *Calcetines, pelucas y paraguas*.
8. La obra se estrenó en 1997 en Madrid, dirigida por Guillermo Heras. *Thebas Motel* es la historia de dos atracadores atrapados en la mafia de la droga de Colombia en un motel llamado Thebas que rememora la maldición de la casa de Tebas, la maldición de unos seres abocados a la delincuencia en los que se reproducen las características fundamentales del mito de Edipo y Yocasta. Ella, Selene, perdió a su marido, Pastor, asesinado por "los colom-

bianos"–ninguno de ellos nacido en Colombia–. Su hijo Marino, que se llama a sí mismo "pies ligeros", fue raptado también por la mafia y obligado a matar a Pastor. Selene y Marino se aman y se protegen mutuamente. Un medallón que llevaba Pastor, un medallón idéntico que lleva Marino, dan la clave a Selene para saber que su amante es su hijo. Pero aquí el suicidio de Yocasta será la acción de Selene para intentar salvar a Marino, una acción abocada al fracaso y que le inducirá finalmente al suicidio mítico que es aquí un tiro para acabar con el acoso policial. Marino se entregará a la policía, un acto tanto o más doloroso que el exilio de Edipo tras arrancarse los ojos. Todo transcurre un 28 de diciembre mientras la radio anuncia los hechos relacionados con la banda de delincuentes a la vez que habla de otros hechos irónicamente intrascendentes, como el número que ha resultado premiado en el sorteo de la ONCE.

9. La inutilidad de la guerra, del amor, de la muerte, es el tema de *Hiel*, de Yolanda Pallín, obra premiada por la ADE en 1993. La cobardía de Héctor, la violencia de Aquiles, un generalizado "cebarse de hiel", se contraponen a la carne sacrificada de Briseida, símbolo de amor y de paz. Y la inutilidad del paso del tiempo que todo lo repite es a la vez la repetición de las guerras: "Nada se parará/Mi muerte/no paró nada/Los hijos que no tuve nacerán de otras hembras/Nada es de nadie." Es la fuerza dramática de sobria poesía en torno a los falsos héroes de Troya, arquetipo de todas las guerras.

10. Ifigenia, en los años 60, en la obra de Rodríguez Pampín se preguntaba "por qué"; en el joven autor francés, Michel Azama (*Iphigénie ou le péché des dieux*, 1991) es una espada de Damocles suspendida sobre una Humanidad que ejecuta a la juventud al son de himnos patrióticos y de dioses cristianos, judíos o musulmanes, que tratan de convencernos de que esta violencia, este racismo, es producto de necesidades históricas. Es el contraste de la inocencia familiar y amorosa de Ifigenia con la embriaguez de la violencia que impera en un mundo cuya única certidumbre es que la guerra es muerte y sólo muerte.

11. Como nos cuenta en moderno y coloquial lenguaje Charles Ludham en su *Medea* (1984: 801), el perenne Viaje de los Argonautas, la ambición de poder, es lo que causa la muerte a los hijos de Medea, lo que pone en peligro el futuro de la Humanidad.

12. Xavier Albertí, dirigió en el SAT de Barcelona, en la pasada década, *La consagració de la inocència*, basada en el mito de Medea. Aquí los niños, adquirirán un sentido indagatorio de nuestra identidad como sombras de nosotros mismos, asesinos de esas sombras que son las víctimas infantiles asesinadas en las guerras, como las actrices que interpretan como sombras el mito de Medea. Es un texto que medita sobre el teatro, su gesto, su capacidad para expresar emoción. La actriz que interpreta a Medea es la sombra del personaje. Otra actriz interpreta la sombra de la actriz protagonista. Confronta el universo arcaico de Medea con el universo racional de Jasón. Todos somos la sombra de las criaturas de que se alimenta el vampiro. Es el deseo de no tener pensamiento, de no haber sido nunca nada. La actriz y Medea son el símbolo de quien nunca ha sido nada. La obra es una reflexión sobre la infancia, sobre las muertes que ignoramos, sobre la dicotomía cuerpo-voz-pensamiento, sobre el hecho de ser sombra de lo que somos y el miedo que esto nos produce. Y es también una indagación sobre la esencia del teatro.

13. *Phaedra's Love*, de Sarah Kane, es el mejor ejemplo de este miedo transmutado en violencia (1996). En España, centrándonos en el mito, podríamos hablar de *Exiliadas*, de Borja Ortiz de Gondra (estrenada en 2002), basado en *Las Troyanas*, o de *Polifonía*, de Diana de Paco Serrano (2001), un texto en el que reúne a las cuatro grandes protagonistas transgresoras de la tragedia griega, Penélope, Medea, Fedra y Clitemnestra en una habitación, haciendo que rompan su silencio y hablen entre ellas, unidas en sus metafóricas cárceles. En una misma tónica, contra la violencia de género, mantenida en niveles psicológicos nos habla Itziar Pascual en *Las voces de Penélope* (2002), de otras violencias más ocultas nos habla Beth Escudé, en *El color del gos quan fuig* (1997), a partir del mito de Hécuba y Andrómaca.

14. Raúl Hernández nació en Madrid en 1964. Junto a los también autores Juan Mayorga, José Ramón Fernández, Luis Miguel González Cruz y al director escénico Guillermo Heras, integra el colectivo madrileño Teatro del Astillero. Entre sus obras premiadas, además de las que comentamos en el texto, están *Los malditos*, Premio Calderón de la Barca 1994, estrenada bajo la dirección de Guillermo Heras en 1999 en la Sala Cuarta Pared de Madrid; *Los engranajes*, Premio Lope de Vega 1998, estrenada también en 1998; *Si un día me olvidaras* (2001), y *Los restos: Fedra; Los restos: Agamenón vuelve a casa* (1999).

15. Rodrigo García nació en Buenos Aires en 1964 y se trasladó a Madrid en 1986, donde fundó su grupo La Carnicería, en 1989. Entre sus primeros espectáculos –no basados en el mito griego–, podemos mencionar *Macbeth Imágenes*, accésit Bradomín 1986, que Guillermo Heras dirigió en 1988 en Buenos Aires; *Reloj*, accésit al Bradomín y Premio Ciudad de Valladolid; *Acera Derecha* (1991); *Matando Horas* (1991), y *Rey Lear*. Su teatro, en los últimos años, se relaciona siempre con un concepto próximo a las 'performances', a las artes plásticas, a las instalaciones teatrales. *Notas de cocina, Todos sois unos hijos de puta, Compré una pala en Ikea para cavar mi propia tumba, Vamos a llevarnos bien* son títulos que constituyen un ejemplo de este teatro.
16. Es un texto que, en algunos aspectos, recuerda a la obra de Marguerite Yourcenar, *La chute des masques* o incluso a la de Jean Paul Sartre, *Les mouches*.
17. Rodrigo García admite la existencia de muchas situaciones biográficas en el texto: "En realidad, casi todo lo que escribo y lo que estoy escribiendo ahora es muy autobiográfico y da vueltas siempre a lo mismo, siempre el tema del exilio, el cambio de país que me ha marcado mucho –que se puede dar de muchas formas–, el alejamiento de la familia, el nuevo contacto, nueva forma de ver esas relaciones familiares, el estar en un sitio que uno desconoce por completo, nueva gente, nuevas calles, nueva forma de vida; todo esto lo intento mostrar en los textos" (entrevista publicada en Leonard y Gabriele 1996. En este volumen se publica *Prometeo*, de Rodrigo García, junto a otros cuatro textos de autores de la misma generación).
18. Este espectáculo fue estrenado en Sicilia en 2003. No se ha presentado todadvía en España.

OBRAS CITADAS

Azama, Michel
    1991   *Iphigénie ou le péché des dieux*. París : Actes-Sud.
Bergamín, José
    1945   *La hija de Dios. La niña guerrillera*. México: M.E.D.E.A. Manuel Altolaguirre Impresor.
Bergamín, José
    1965   *Medea la encantadora*. En: *Primer Acto*, 44, febrero: 23-36.
    1983   *La sangre de Antígona*. En: *Primer Acto*, 198, marzo-abril: 48-69.
Escudé, Beth
    1977   *El color del gos quan fuig*. Barcelona: Focus.
Gala, Antonio
    1974   *¿Por qué corres, Ulises?* Madrid: Espasa-Calpe.
García, Rodrigo
    1991   *Acera Derecha. Martillo. Matando Horas*. Madrid: CNNTE (Colección Nuevo Teatro Español, 9).
García, Rodrigo
    1996   *Prometeo*. En: Leonard y Gabriele 1996: 197-234.
    2000   *After sun*. En: *Primer Acto*, 285, octubre-noviembre: 31-59:
    2003   *Agamenón. Volví del supermercado y le di una paliza a mi hijo*. En: *Pliegos de Teatro y Danza*, 9.
González Cruz, Luis Miguel
    1996   *Thebas Motel*. Toledo: Ayuntamiento de Toledo.
Hernández, Raúl
    1995   *Los malditos*. En: *Primer Acto*, 260: 57-86.
    1997   *Los engranajes*. En: *Escena*, junio.
    1997   *Los restos: Agamenón vuelve a casa*. Toledo: Ayuntamiento.
    1999   *Los restos: Fedra; Agamenón vuelve a casa*. Madrid: SGAE (Teatro, 108).
    2001   *Si un día me olvidaras*. En: *Primer Acto*, 290, octubre-noviembre: 29-65.
Jiménez Romero, Antonio.
    1969   *Oratorio*. En: *Primer Acto*, 109, junio: 54-61.
Kane, Sarah
    1996   *Blasted&Phaedra's Love*. Londres: Methuen Drama.

Leonard, Candyce y John P. Gabriele (eds).
    1996   *Teatro de la España demócrata: Los noventa*. Madrid: Fundamentos.
Ludlam, Charles
    1998   *Medea*. En: *The Complete Plays of Charles Ludlam*. Baltimore: John Hopkins University Press.
Lourenço, Manuel
    1981   *Traxicomedia do vento da Tebas namorado duna forca. Todos os fillos de Gallad*. A Coruña: Ediciós do Castro.
    1995   *Os persas. Liturgia de Tebas. Agamenón en Aulide*. En: *Cuadernos de Dramaturgia Galega*.
-------- y F. Pillado Mayor
    1979   *O teatro galego*. A Coruña: Ediciós do Castro.
Miras, Domingo
    1995   *Teatro mitológico*, ed. Virtudes Serrano. Ciudad Real: Diputación. (Contiene *Egisto*, *Penélope* y *Fedra*).
Morales, José Ricardo
    1969   *Burlilla de Don Berendo. Pequeñas causas. La Odisea. Oficio de tinieblas y otras obras*. Madrid: Taurus. (El Mirlo Blanco).
Ortiz de Gondra, Borja
    1997   *Exiliadas*. Inédito.
Paco Serrano, Diana M. de
    2001   *Polifonía*. En: *Primer Acto*, mayo, 291: 103-123.
Pallín, Yolanda
    1993   *Hiel*
Pascual, Itziar
    2002   *Las voces de Penélope*. Madrid: ADE.
Ragué-Arias, María-José
    1991   *Los personajes y temas de la tragedia griega en el teatro gallego contemporáneo*. A Coruña: Ediciós do Castro.
Resino, Carmen
    2001   *Teatro diverso (1973-1992)*. Cádiz: Universidad de Cádiz. (Contiene *Ulises no vuelve. La recepción. De película*).
Riaza, Luis
    1983   *Antígona... ¡cerda!* Madrid: La Avispa.
    1980   *Medea es un buen chico*. En: *Pipirijaina. Textos* 18, enero-febrero: 29-71.
Rodríguez Pampín, Xose Maria
    1975   *Ifixenia non quere morrer*. En: *Grial* 50: 71-101.
    1977   *Creon,Creon*. En: *Grial* 55: 475-492.
    1978   *Alcestes*. En: *Grial* 62: 434-452.
Ubillos, Germán
    1973   *El llanto de Ulises*. Madrid: Escélicer.

Diana M. de Paco Serrano
Universidad de Alicante

MITOS CLÁSICOS Y TEATRO ESPAÑOL CONTEMPORÁNEO. IDENTIDAD Y DISTANCIAMIENTO

Los mitos clásicos codificados en la tragedia griega han pervivido a lo largo de la historia del teatro internacional hasta nuestros días; pero este itinerario, inevitablemente, ha provocado la transformación y la adaptación de los mismos a la pluma de cada autor y a las condiciones contextuales en que se reciben. El teatro español contemporáneo presenta numerosos ejemplos de obras de tema clásico a través de cuyo estudio se puede analizar la actitud de los autores ante la tradición mítica y los nuevos procedimientos y planteamientos de adaptación y reinterpretación de los mitos, así como los motivos que mueven a la nueva dramaturgia a recurrir a ellos.

En los orígenes del arte dramático entre el mito y la tragedia se estableció una unión intrínseca que se tradujo en una indisoluble vinculación a lo largo de los siglos. En la época de esplendor del teatro griego, durante el siglo V a. C., esta unión se manifestaba en el carácter indispensable de los esquemas míticos para la creación del desarrollo argumental de todos los dramas. Esta afinidad (Corno 1998: 7) invita a cuestionarse la existencia de una razón en el interior de las estructuras dramáticas y conceptuales de la tragedia que haga necesaria tal vinculación. En efecto, el desarrollo de la dramaturgia posterior demuestra que el recurso al mito no constituye únicamente una cuestión de selección temática o de oportunidad semántica adaptada a la obra dramática, desde el momento en que el teatro se desvincula de la aparición exclusiva de esquemas argumentales míticos y, sin embargo, se puede seguir comprobando cómo la estructura profunda de los dramas provoca que, de modo más o menos evidente, el mito emerja con constancia en muchos de los mejores textos teatrales de nuestro tiempo.

De este modo, a lo largo de los años, al margen de su carácter de relatos de origen religioso –tan vinculados con el drama, por otra parte– o resultado de las realizaciones folklóricas de determinadas sociedades, los mitos se han analizado como productos del espíritu humano con aplicaciones psicológicas que entrañan determinadas funciones como la catártica, la función freudiana del desarrollo de la plenitud emocional o "fantasía del deseo cumplido" (Kirk 1992: 59), etc. Los autores experimentan en sus obras la relación entre sueños y mitos que surgen de modo inconsciente en el pensamiento humano interpretada, en ocasiones, a través de determinados esquemas estructurales que se manifiestan de modo diacrónico y están dotados de dinamismo y adaptabilidad (Durand 1993: 17-39), relacionándose de este modo no sólo con el individuo, sino con los problemas e inquietudes sociales. Todos estos aspectos que conforman, junto a otros muchos, la teoría sobre los mitos del siglo XX, salen a la luz convertidos en realización dramática en la obra de nuestros dramaturgos contemporáneos.[1]

Los creadores actuales consideran los mitos a partir de diversos puntos de vista, sea desde la reflexión teórica o sólo a partir de la puesta en escena, más allá, en general, de las posturas simplistas o la elección de los tratamientos tradicionales como mero pretexto argumental. El resultado de este proceso de reflexión y puesta en práctica provoca la transformación de ciertos aspectos de las estructuras, el aislamiento de unidades mínimas o mitemas, otrora inseparables del conjunto que conformaba el prototipo mítico, y la agrupación de elementos procedentes de distintos campos míticos, variedades que permiten comprobar la ductilidad y flexibilidad del material tradicional trabajado, sin embargo, sobre una base fija que sirve como 'esqueleto' a partir del que levantar la nueva creación (Fuhrmann 1971: 121-143) según diferentes procesos de dramatizaciones del mito. A este respecto, son muy significativas las palabras de Raúl Hernández al analizar el proceso de creación:

> En mi escritura parece que estoy condenado a toparme con el mito. No sólo cuando lo utilizo como pretexto o referente, sino que incluso en obras en las que creo salirme de su inspiración, siempre hay un momento en que reconozco por debajo de la obra moldes míticos. No sólo la mitología clásica, también la bíblica, la nórdica, las orientales, la de los pueblos mesopotámicos. (Paco Serrano: 2002: 753)

Es evidente, además, que las nuevas creaciones revelan una mayor libertad de actuación por parte de los autores actuales con respecto a los creadores de la tragedia en Occidente. Tal libertad provoca que se introduzcan nuevos procedimientos de recreación junto a distintas perspectivas de aplicación de los esquemas tradicionales que dotan de originalidad a los textos dramáticos de los autores contemporáneos. Estas formas de 'recreación' se basan en una serie de "actos de toma de postura" (Gil 1975: 12-23) que se resumen en 'integración' o "incorporación en la nueva creación de todos los aspectos del mito ya descubiertos en versiones precedentes"; 'proyección' o "desplazamiento a unas determinadas circunstancias temporales y espaciales en su determinación en el sistema de coordenadas axiológicas propio de una época dada", y finalmente, 'enfrentamiento' o "adopción de una postura crítica frente a los datos del mito, que los tergiversa o degrada desfigurando su sentido". (Ibídem) Fácilmente se encontrarían representaciones de cada uno de estos actos en las piezas dramáticas nacionales de los siglos XX y XXI, pero cada una de ellas ofrece, además, nuevos matices respecto al tratamiento, a la identificación de mitemas y a la variación o transformación de los mismos y sus significados, transformaciones que en la mayoría de los casos van unidas a una intención estética y una necesidad de comunicación de determinados significados.

Por lo tanto, la descripción de la recreación de mitos griegos en el teatro español contemporáneo ha de orientarse en diversas direcciones. Por una parte, se centrará en los diferentes procedimientos a través de los cuales los autores contemporáneos adaptan los mitos a su obra y los acercan al receptor actual, por otra estudiará la estructura de las nuevas piezas y los modos de interpretación de los mitos dramatizados en la actualidad, sin olvidar el objetivo o finalidad del autor a la hora de reinterpretar la tradición. A todo ello se une la reflexión de los propios dramaturgos que, en muchas ocasiones, ayuda a interpretar las causas y los procedimientos de rearticulación de estos esquemas en las nuevas creaciones dramáticas.

Uno de los elementos que favorece la originalidad en la recreación de los mitos en el teatro de las últimas décadas lo constituye la nueva dimensión espacio temporal introducida en los dramas actuales y la ruptura con las convenciones estilísticas. Los autores más jóvenes, en general, adaptan a la estética del tiempo el contenido de sus dramas; influidos por las dramaturgias internacionales buscan una escritura teatral que rompa con el diálogo, que distorsione el discurso y juegue con la palabra a través de la lectura de autores de las vanguardias clásicas y la representación cinematográfica de las escenas dramáticas. Pero, a su vez, bucean en la tradición rescatando los restos que pueden dar contenido a sus piezas e intentan amoldarlos, a veces incluso haciéndolos jirones, a la nueva estructura dramática y a los parámetros estilísticos seleccionados para marcar la estética de la creación. La historia no se construye con un desenlace progresivo, sino que se disuelve la estructura trágica convencional y, por supuesto, se aleja, en apariencia, de la organización del drama griego dividido en prólogo, párodos, estásimos y episodios.[2] El caos en forma de secuencias cinematográficas comienza a apropiarse de los textos y los saltos temporales, el espacio de los recuerdos y los sueños, la secuenciación de las escenas para subrayar únicamente el conflicto en su momento álgido y suspenderlo en el tiempo, etc., propician una nueva construcción de los mitos clásicos que se aleja, en apariencia, del esquema tradicional. Muchos de los autores más jóvenes ilustran este tipo de recreación en sus obras, así Rodrigo García en *Martillo*, Raúl Hernández en *Los restos: Agamenón vuelve a casa* y *Fedra* o, de modo menos violento, Itziar Pascual en *Las voces de Penélope*. (Vilches de Frutos 2003: 11-24)

Por otra parte los mitos readaptados adquieren nuevas posibilidades de representación en estos escenarios. Frente a las relativamente numerosas novedades que los autores griegos introducían en las historias míticas al incorporarlas a su producción dramática, la andadura diacrónica permite a los dramaturgos hodiernos una más compleja articulación de los mismos y una mayor libertad a la hora de su construcción. En este sentido, se puede admitir como un tipo de fenómeno recurrente la expresión de una cierta 'conciencia mítica' por parte de los propios protagonistas del drama, sean estos los personajes míticos o no. Se trata de una referencia directa a través de la identificación de dos momentos, el legendario y el de la representación actual, con el tiempo mítico clásico presente en la mente de los nuevos protagonistas y de los efectos que esta consciente rememoración produce en ellos. Al recordar una historia de la que creen de manera explícita o implícita formar parte y cuya repetición esperan o rechazan, los nuevos héroes añoran o intentan evitar convertirse en sus modelos legendarios, o aguardan la repetición e identidad del esquema mítico tradicional que, casi de modo espontáneo demuestran conocer.[3] Este conocimiento subconsciente del esquema arquetípico que aflora en los personajes se convierte en muchas ocasiones en el signo de su destino, el 'fatum' que determina a estos nuevos héroes en lugar de la divinidad, pero que no impide su libertad de actuación. En la mayoría de las ocasiones el deseo de identidad con el esquema tradicional no se corresponde con la realidad, de modo que el mito, pese a su existencia, permite la libertad de actuación al margen de cualquier tipo de rígido determinismo y provoca, al chocar el deseo con la realidad, un sentimiento de 'frustración mítica' que en muchas ocasiones está estrechamente relacionado con las teorías freudianas sobre el subconsciente y la interpretación de los sueños. (Paco Serrano 2003: 330-343) Un claro ejemplo de este proceso de identidad y distanciamiento nos lo ofrecen piezas de la década de los noventa como *Electra Babel*, de Lourdes Ortiz, *Las voces de Penélope*, de Itziar Pascual o *Los restos. Agamenón vuelve a casa*, de Raúl Hernández[4], obra esta última en la que la frustración de Electra, expresada por la propia protagonista al sentirse incapaz de alcanzar la identidad con el paradigma mítico, resulta evidente:

> Nunca me llegará mensajero avisándome que un mechón de pelo de mi hermano honra la sepultura de mi padre. [...] Nunca vendrá él como enviado de los dioses, avisándome que el día de la venganza está próximo. Nunca empuñará el cuchillo que limpie esta casa de las ofensas de mi madre. (Hernández 1999: 27)

En la obra de Lourdes Ortiz, *Electra Babel,* todos los personajes encuadrados en la realidad presente saben cuál es su equivalente mítico, pero se niegan a la identificación. Así, el chaval, nuevo Orestes, recuerda a su hermana el desenlace de su historia mítica que finalmente será rechazada porque surge en el joven el deseo freudiano de retorno al útero materno:

> El Chaval.- Nada está escrito. Lo que yo voy a hacer no está escrito... lo que tú vas a pedirme no está escrito. Y sin embargo, sé que voy a hacerlo y sé que vas a pedírmelo.
> La Muchacha.- (*Se tapa los oídos.*) Pedirte, ¿qué?
> El Chaval.- A veces estoy cansado. Me vuelvo hacia ella para recostarme y sólo hay un gran agujero, un agujero enorme por el que resbalo cayendo hacia adentro. Ella entera es un agujero [...]. (Ortiz 1992: 40)

En la misma obra, el Egisto que se nos presenta no tiene nombre, es el Hombre, pero la muchacha lo identifica inmediatamente:

> La Muchacha.- Tu nombre es Egisto. Te he visto perseguirme con la mirada mientras levantabas sus faldas... He soñado con esa mirada muchas veces... una mirada igual que la que tienes ahora, que me dejaba desnuda y... pero no era conmigo, sino con ella con quien terminabas tus noches... mientras que yo... (Ibídem: 44).

Se ha insistido en muchas ocasiones en el hecho de que por su valor simbólico, cada época carga los mitos de una actualidad diferente, su carácter polisémico permite incidir en ciertos elementos o en tales otros pero, además, hoy la libertad llega hasta la trasgresión, la brusca variación de los esquemas y la búsqueda de la sorpresa a través de la alteración de determinados aspectos. El mito mantiene su verdad como símbolo, pero es contemplado desde una nueva visión del mundo que se identifica, en ciertos aspectos, con esquemas del pasado. El conjunto de las lecturas que conforman el mito del nuevo receptor está determinado por la actuación del 'filtro mítico', el tamiz que va añadiendo aspectos y restando otros al núcleo significativo y permanente heredado de la tradición en el devenir de los años. En ocasiones, esta transformación es involuntaria pero en otros casos se trata del resultado de un proceso creativo consciente, por lo que la identificación no se realiza sobre un modelo concreto, sino sobre el mito como resultado del "conjunto de sus lecturas", tal y como subrayaba Durand. (Durand 1993: 36) Este proceso se revela con claridad en el montaje del grupo Atalaya estrenado en el año 1998. El autor de la adaptación, Carlos Iniesta[4], utiliza, por propio deseo, los textos desde Esquilo a Heiner Müller que tratan el asesinato de Agamenón y la venganza de sus hijos contra Clitemnestra y Egisto. Además, se sirve de los símbolos míticos de los textos clásicos como elementos escenográficos portadores de su significado a través del tiempo, para ofrecer una verdadera nueva creación fundamentada en la tradición en su andadura diacrónica que se muestra como actual en virtud de una serie de valores y significados universales que superan las barreras cronológicas y espaciales.

Es indudable, por lo tanto, que los mitos del drama griego constituyen una constante en las creaciones teatrales de los últimos años. A través de ellos los dramaturgos buscan la transmisión de ese significado atemporal y carente de fronteras espaciales del que los prototipos tradicionales están dotados. Los autores reflexionan sobre estos significados para obtener unos resultados acordes con la estética y la filosofía de las nuevas creaciones. Difuminan los perfiles de los personajes mezclando rasgos de Medeas, Clitemnestras y Fedras con el fin de levantar una lanza a favor de aquellas que sufren la opresión del varón; o funden los perfiles de Odiseo, Agamenón y Edipo para conseguir un nuevo protagonista identificable con todos y con ninguno; o mezclan conscientemente los rasgos de jóvenes prototipos dramáticos. Además la dramaturgia de los últimos años, frente a lo que ocurría en fases anteriores del siglo XX, evita la linealidad y el realismo en la representación y prefieren encontrar las claves simbólicas que, pese a que no lo parezca, ya transmitían los textos clásicos y dispersarlas en torno a uno o varios núcleos cuya relación con la tradición no viene dada desde un primer momento. Es común también la reflexión teórica sobre los propósitos y resultados prácticos de los autores que buscan reflejar el significado universal de los motivos dramáticos desde antaño: el abuso del poder, la violencia, el amor y la muerte, despojando los textos, en general, de referencias concretas y sin la exclusividad del género trágico. Por otra parte, no sólo los autores reflexionan y se distancian o se identifican con las creaciones míticas, también los protagonistas llevan a cabo una serie de procesos de meditación metamítica reflejando en muchas ocasiones su conocimiento del mito y la identificación con los patrones tradicionales de los que ha surgido el nuevo personaje, identificación que provocará tanto el rechazo de los modelos como la insatisfacción que se crea ante la imposibilidad de identidad con los mismos. Desde nuevas perspectivas estéticas se retoman temas como la violencia, la marginación, el abuso, etc. (Serrano 1994: 347) a través del telón del inconsciente, los recuerdos y los sueños y su interpretación simbólica representada en los personajes míticos puesto que, en definitiva, son ellos quienes proporcionan el sustento de muchas de las creaciones actuales.

NOTAS

1. Todo ello determina tanto la forma como el contenido de los dramas que, por otra parte, responden a una intención de los autores de utilizar la tradición para hablar de problemas presentes, finalidad que en el teatro nacional ha sido una constante durante todo el siglo XX, con una especial importancia a partir de la posguerra española. (Vilches de Frutos 1983: 184-207)
2. Decimos en apariencia porque, bajo ese caos superficial, en muchos casos reposa una estructura sorprendentemente afín a la de los dramas del teatro ateniense, tal y como reconocen muchos de los dramaturgos actuales.
3. En algunas ocasiones el propio autor demuestra esta conciencia y la identificación o el distanciamiento. Así en *Las voces de Penélope* la autora presenta a la protagonista en el cuadro de 'Dramatis Personae': "Madre de Telémaco, esposa de Ulises. Y a pesar de Homero, sangre y mujer de sí misma" y al situar la escena en el espacio: "En Itaca. Y en todas las ciudades de mundo que se llaman Itaca." (Pascual 1997:105)
4. La obra fue estrenada bajo la dirección de Ricardo Iniesta en 1996 y ha recibido prestigiosos galardones en sus más de cinco años de andadura internacional. Por las características del texto y la naturaleza del espectáculo se puede considerar una obra original cuyos modelos míticos se remontan a la épica homérica y recorren de modo diacrónico la historia universal del teatro.

BIBLIOGRAFIA

AA.VV.
    1998   *Marqués de Bradomín. Concurso de Textos Teatrales para Jóvenes Autores*. Madrid: Instituto de la Juventud.
Corno, Dario del
    1988   *I narcisi di Colono. Drammaturgia del mito nella tragedia greca*. Milán: Raffaello Cortina.
Durand, Gilbert
    1993   *De la mitocrítica al mitoanálisis*. Barcelona: Anthropos.
Fuhrmann, Manfred
    1971a   *Terror und Spiel. Probleme der Mythenrezeption*. Munich: Fink.
    1971b   'Mythos als Wiederholung in der griechischen Tragödie und im Drama des 20 Jahrhundert.' En: Fuhrmann 1971a: 121-143.
García, Rodrigo
    1991   *Acera derecha. Martillo. Matando Horas*. Madrid: Nuevo Teatro Español.
Gil, Luis
    1975   *Transmisión mítica*. Barcelona: Planeta.

Hartwig, Susanne y Klaus Pörtl (eds.)
    2003   *Identidad en el teatro español e hispanoamericano contemporáneo*. Frankfurt am Maim: Valentia.
Hernández, Raúl
    1999   *Los restos. El regreso de Agamenón*. Madrid: Fundación Autor (SGAE).
Kirk, G. S.
    1992   *La naturaleza de los mitos griegos*. Barcelona: Labor.
Martino, Francesco de y Carmen Morenilla (eds.)
    2003   *L'Ordim de la* Llar. Bari: Levante Editori.
Morenilla, Carmen
    2003   "Electra en la gallera". En: Martino y Morenilla 2003: 419-452.
Ortiz, Lourdes
    1992   *Electra Babel*. En: *ADE. Revista de Teatro* 25: 36-49.
Paco Serrano, Diana M. de
    2002   *La saga de los Atridas en el teatro español contemporáneo*. CDRom. Murcia: Universidad.
    2003   *La tragedia de Agamenón en el teatro español del siglo XX*. Murcia: Universidad.
Pascual, Itziar
    1998   *Las voces de Penélope*. En: AA.VV. 1998: 101-135.
Serrano, Virtudes
    1993   'Hacia una dramaturgia femenina.' En: *Anales de la Literatura Española Contemporánea/Annals of Contemporary Spanish Literature* 19, 3: 343-363.
Vilches de Frutos, Mª Francisca
    1983   'Introducción al estudio de la recreación de los mitos literarios en el teatro español de posguerra.' En: *Segismundo* 37-38: 184-207.
    2003   'Identidad y mito en el teatro español contemporáneo.' En: Hartwig y Pörtl 2003: 11-24.

Pilar Nieva de la Paz
Consejo Superior de Investigaciones Científicas (Madrid)

LAS TRANSFORMACIONES DE UN ANTIPROTOTIPO FEMENINO: MEDEA EN EL TEATRO ESPAÑOL CONTEMPORÁNEO

El personaje mítico de Medea, tradicionalmente presentado como un antiprototipo femenino –la mujer sabia, valiente, orgullosa y rebelde que llega al crimen parricida por seguir su pasión de venganza–, se ha transformado paulatinamente en el teatro español de las últimas dos décadas en aras de la reivindicación de la fuerza de la pasión sensual y la justificación de la desesperación femenina ante el abandono y la traición amorosa. Así, en algunos títulos teatrales recientes, se identifica a Medea como un símbolo de la lucha por la libertad del individuo frente al sistema y frente a las pautas de la moral social predominante. Es posible encontrar en este último sentido la interpretación del mito como motivo para la defensa de una más justa e igualitaria condición social femenina e, incluso, una lectura humanizada, 'comprensiva', de la actuación de Medea situada en el contexto actual de unas relaciones familiares cada vez más democratizadas y efímeras en las que resulta frecuente el estallido pasional de la violencia.

La recreación de los personajes y las historias de la mitología clásica ha sido una constante en la historia del teatro como género literario y como arte espectacular. Las sucesivas versiones de los argumentos míticos han formado parte con asiduidad del 'repertorio' teatral español contemporáneo. (Vilches de Frutos 1983; Ragué-Arias 1992; Nieva de la Paz 1998; Rodríguez Adrados 1999; Paco Serrano 2003) La crítica especializada ha señalado a menudo la utilización de la recuperación 'arqueológica' de los asuntos míticos como fórmula que permite asegurar el 'prestigio cultural' de una programación teatral. Se ha destacado también, sobre todo durante el período de posguerra, la recurrencia al mito para llevar a cabo la denuncia de los problemas de la sociedad española del momento que la censura impedía mostrar abiertamente. En el período democrático ha predominado entre los autores de las versiones míticas el intento por transgredir el sentido originario de las figuras y los asuntos fijados por la tradición clásica como forma de cuestionar las bases en las que se ha fundado el legado cultural occidental, de forma que la utilización del mito ha sido cada vez más frecuente como recurso para indagar en los cambios de la identidad individual y colectiva. (Vilches de Frutos 2003)

El mito presupone la noción de variación y cambio. El análisis comparativo de las diversas fuentes clásicas de un mismo relato mitológico muestran la estrecha vinculación entre su construcción acumulativa y contrastada con la multiplicidad de voces esencial en todo proceso de transmisión tradicional. (Gil 1975; Ruiz de Elvira 1975; García Gual 1992; Eliade 2000) Se trata en esta ocasión de analizar la vigencia del mito de Medea en el teatro español desde el inicio del período democrático hasta nuestros días, poniendo especial énfasis en el análisis de las variaciones que ha experimentado este icono femenino de la transgresión. Paulatinamente se ha ido imponiendo una visión compleja del personaje que supera la tradicional imagen de la madre parricida, el escándalo ante el terrible asesinato de los hijos, para subrayar en cambio la fuerza de la pasión sensual y la desesperación femenina ante el abandono y la traición amorosa.

La figura de Medea ha tenido un destacado lugar en el teatro español del siglo XX, formando parte de una serie de personajes femeninos griegos tradicionalmente juzgados antiprototípicos por sus negativas conductas, como Circe o Clitemnestra. (Ragué-Arias 1992: 142; Vilches de Frutos 2002) La historia de Medea es la historia de una mujer que lo sacrifica todo por amor. Hija del rey de la Cólquide, abandona su patria, asesina a su hermano y utiliza sus poderes de hechicería para cometer otros crímenes con el fin de ayudar a Jasón, el argonauta, en la realización de su hazaña: la conquista del vellocino de oro. Una vez en Corinto, funda con él una familia de la que nacen dos hijos. Los años van desgastando progresivamente su apasionada unión hasta llegar un momento en que Jasón no duda en abandonarles para contraer nuevas nupcias con la hija de Creonte, rey de Corinto, una mujer más joven que le resulta útil en su ascendente carrera hacia el poder. Para vengarse de este repudio, la ofendida Medea envía a su rival, como regalo de bodas, un fastuoso traje, que abrasa a la novia entre indecibles torturas y da luego muerte a los hijos habidos con Jasón.[1]

Los rasgos más destacados de la personalidad de esta figura femenina griega han sido valorados de formas muy distintas por parte de los dramaturgos españoles contemporáneos, de acuerdo con unos cambios en la definición social de la identidad femenina que se han recibido de diferente forma desde presupuestos ideológicos distintos. Medea encarna a la mujer fuerte, valiente, apasionada, rebelde y sabia, atributos alejados del ideal femenino tradicional –la esposa y madre sacrificada, paciente, sumisa, encerrada en el ámbito del hogar, que todo lo ignora acerca de 'lo público'–, que ha imperado desde el ideal clásico hasta el predominio del modelo femenino conservador de la 'pin-up' durante la posguerra mundial. (Lipovetsky 1999: 160-162) De ahí que con frecuencia Medea haya sido vista como un peligroso antiprototipo femenino, ejemplo 'ad contrarium' de conductas excesivas que siempre conducen a resultados trágicos. Medea, como Clitemnestra, como Circe, rompe con un rasgo básico de la identidad femenina tradicional: la aceptación resignada del abandono masculino causado por el desamor. Desde posiciones más favorables al cambio de mentalidades se la erige, en cambio, como símbolo de lucha por la libertad del individuo, y porta-estandarte de una oposición rebelde a los valores y poderes establecidos. En alguna de las recreaciones más recientes, se encuentra incluso una visión comprensiva, 'humanizada', del parricidio que Medea ejecuta, situado en un contexto más amplio: las estructuras familiares, cada vez más democratizadas y efímeras, en las que resulta frecuente el estallido pasional de la violencia.

En la *Medea* de Eurípides encontramos el texto considerado por nuestros contemporáneos como fundacional para entender la constitución del mito. Al abrirse la obra, Medea es una pobre extranjera, abandonada y sola que, no contando siquiera con el apoyo y defensa de los varones de su familia, sufre un gran dolor por el abandono y la traición del esposo. Físicamente avejentada, se siente impotente para evitar las inminentes bodas de Jasón con la joven hija del rey. Pero, desde el comienzo, Medea se rebela contra su papel de víctima. Su "alma orgullosa", "violenta e implacable" (Eurípides 1995: 9), llena de odio, clama por la venganza, una venganza que consumará con cuatro muertes (Glauca, la princesa y los hijos habidos con Jasón), dejando en cambio vivo al causante de la tragedia para que sufra un insoportable dolor.

El autor griego ha sido interpretado posteriormente por algunos escritores dentro de la larga tradición literaria misógina (Durán y Temprano 1987; Segura 2001), en parte debido a la insistencia de Eurípides en la creación de personajes femeninos que, arrastrados por sus pasiones, se oponían al sistema y rompían toda clase de normas y tabúes. En efecto, su *Medea* fue entendida como el relato de los horribles crímenes cometidos por una mujer sometida a la furia de dos pasiones ciegas: el amor y la venganza. Esta protagonista posee, además, varios rasgos que la alejan también del arquetipo femenino ideal. Como ella misma proclama: "Que no me tenga nadie por floja o débil o paciente, sino de un carácter bien distinto." (Eurípides 1995: 36) Es además una hechicera, una mujer "sabia" que goza del poder que le otorgan sus conocimientos mágicos.[2] Frente a la fuerza de la pasión es capaz de oponer la frialdad de una inteligencia calculadora, que le permite utilizar la mentira y el engaño con el fin de llevar a cabo su terrible plan. Es valiente y se rebela contra el poderoso. Mantiene una elevada autoestima, un indomable orgullo que pasa por encima de los instintos y es causa de que se vea capaz de subvertir, incluso, los 'sagrados' deberes de la maternidad. Teniendo en cuenta que la maternidad ha sido un eje fundamental de la identidad femenina a lo largo de los siglos, se entiende mejor el rupturismo del trágico griego, que no dudó en enfrentarse al tabú y presentar a un personaje femenino que ejecuta a sus hijos para herir en lo más profundo al padre. Veinte siglos después, el crimen de *Medea* sigue siendo un episodio trágico que ha atraído a múltiples creadores por su enorme fuerza catártica.[3]

Frente a la frecuente visión 'negativa' del mito de Medea, centrada en la imagen de la mujer parricida, otros han distinguido en este personaje euripideo el acertado retrato de la complejidad de la psique femenina, por parte de un autor pionero en la reivindicación de la condición social de la mujer de su tiempo. (Rodríguez Adrados 1995: XIX) De ahí procede en buena parte su notable vigencia actual. Así el personaje 'monstruoso', la hechicera capaz de acciones abominables, ha podido ser entendida como una mujer que, siendo víctima de una injusta conducta, se rebela; una mujer valiente y fuerte capaz de enfrentarse también al poder establecido, a la norma social y a un destino 'inevitable' de aceptación resignada del abandono masculino, que ella cree que la humilla. Medea ha sido comprendida desde esta perspectiva como una figura 'feminista', proclive a la denuncia de la situación de desigualdad todavía existente entre los sexos. Esta interpretación se basa en el primer parlamento que la heroína pronuncia en la tragedia de Eurípides nada más aparecer en escena: una lúcida reflexión, marcada por una abierta crítica, sobre cómo discurrían en la sociedad griega las relaciones entre hombres y mujeres. (Eurípides 1995: 14-15)

Cuando los autores teatrales contemporáneos se enfrentan al asunto mítico deben decidir, en primer lugar, si van a realizar una traducción del texto clásico para posibilitar unos montajes escénicos más fácilmente comprensibles (acercando el contexto cultural y lingüístico al público actual) o si van a llevar a cabo una versión propia, un proceso 'dramatúrgico' de segundo grado en el que la fuente original es la base para una creación personal. Esta segunda opción suele presuponer la priorización de una determinada fuente, pero en algunas ocasiones, los dramaturgos deciden en cambio combinar rasgos y episodios procedentes de diversos autores como una forma relativamente segura de evitar la mencionada fórmula de la 'traducción'. Pretenden, en suma, llevar a cabo una reflexión actual sobre los valores asociados a cada figura y asunto de la historia legendaria. De ahí que las transformaciones perceptibles en cada versión sirvan para entender cuáles son las preocupaciones esenciales del autor contemporáneo.

La cadena de recreaciones de este personaje mítico en la literatura dramática española incluye versiones ya clásicas llevadas a cabo por destacadas figuras del canon teatral español del siglo XX: la traducción de la *Medea* de Eurípides llevada a cabo por Miguel de Unamuno (1933), las versiones de este mismo texto firmadas por Alfredo Marqueríe (1955) y Alfonso Sastre (1963), o la versión del texto de Séneca realizada por José Bergamín (1963), entre las más destacadas. Recientemente, en el período democrático, se han publicado varias versiones libres del mito que revalorizan su aportación de valores alternativos y su valiente actitud ante un destino individual socialmente trazado, destacando entre ellas las de Luis Riaza (*Medea*, 1981), Alfonso Zurro (*A solas con Marilyn*, 1998), y Diana de Paco Serrano (*Polifonía*, 2001).[4] Los textos de Riaza y Zurro han situado al personaje en contextos sociohistóricos próximos, propiciando una lectura actual globalizadora que interpreta esta figura como icono de la reivindicación de la libertad, la pasión y la subversión de los valores establecidos. No deja de resultar interesante que los artífices de estas versiones hayan elegido a un personaje femenino como representante de las numerosas víctimas del poder que, de múltiples formas, intenta aplastar al individuo; una mujer que no se deja abatir impunemente, sino que se rebela y devuelve con creces el mal causado. Siendo también una actualización libre del mito, la obra de Diana de Paco Serrano, *Polifonía* (2001), finalista del Premio Calderón de la Barca 2000, ofrece una visión reivindicativa de cuatro figuras de la tragedia griega (Medea, Fedra,

Penélope y Clitemnestra) presentadas como víctimas que se rebelan frente a un injusto destino personal en unas coordenadas espacio-temporales indefinidas, pero muy conectadas con la actualidad por su fondo moral predominantemente relativista y 'posmoderno'.

Luis Riaza lleva a cabo la versión más transgresora de todas las que se han manejado para la realización de este estudio, en la línea del teatro antinaturalista y alegórico que le es más propio. La figura mítica de Medea responde perfectamente a ese anhelo de libertad, al ansia por imaginar la libertad frente a los resortes del poder, que impregna todo su teatro del período (Cazorla 1981: 12). La trama se aleja aquí de las fuentes clásicas para avanzar en una línea desmitificadora de la maternidad y la familia como parte del imaginario colectivo más 'sagrado'.[5] Encontramos además en ella una plasmación escénica pionera que anticipa las actuales reflexiones sobre el carácter sociocultural y –más concretamente– 'performativo' de los rasgos esenciales que definen en cada lugar y en cada tiempo las claves de identidad de cada uno de los 'géneros'. (Butler 1990: 136) En esta obra, Medea es un hombre. Su nodriza, también. Pero ambos repiten cada noche la 'ceremonia' del disfraz y juegan a ser otra cosa: dos mujeres enredadas en un juego interminable de amor y celos; un amor que es en realidad oscura pasión prohibida y unos celos que esconden una acerada rivalidad de clase. Nada es lo que parece en una obra en la que Medea no tiene hijos, pero tiene perros, Jasón no llega nunca, pues la nodriza (el sirviente) se niega a hacerse pasar por tal, y la señora (el amo) vive cada noche, en el más absoluto ocultamiento doméstico, una vida (una identidad) que de día no puede vivir.[6] En las páginas de presentación de la obra, el autor intenta reforzar, por encima de la primera lectura posible en relación con el enfrentamiento personal de los protagonistas frente a las pautas heterosexuales mayoritarias, la crítica global a la sociedad coetánea a partir del juego escénico de la sustitución de las imágenes masculinas por otras femeninas. La alusión a la caverna platónica como referencia filosófica clásica del cuestionamiento de la apariencia de lo real pretende dotar así al texto de un sentido ontológico general.[7]

La historia se sitúa en el ambiente decadente de una casa burguesa de finales del XIX. En el espacio interior de un dormitorio, lugar donde pueden barajarse en la más absoluta privacidad los sueños y los deseos, aparecen los dos únicos protagonistas, dos actores varones –un amo y su criado–, que representan papeles femeninos. El elemento metateatral salta una y otra vez a la palestra: el juego de la interpretación cobra absoluto protagonismo y se convierte en un verdadero ritual. Los personajes juegan a ser dos mujeres que representan la historia mítica. Sus disfraces se convierten en un elemento escénico clave para el desarrollo de la propia acción dramática. El sirviente pasa así a representar papeles diferentes, como el de la Nodriza de Medea, el de Creusa, la hija del rey, o el del propio Creonte. Como afirma la Nodriza en un cierto momento, "El vestido es la culminación de la apariencia". (Riaza 1981: 46)

Las múltiples referencias metateatrales y la mostración explícita de los mecanismos que construyen la ilusión teatral producen un buscado efecto de distanciamiento, provocan una actitud de reflexión analítica en el lector-espectador. Continuamente se alude, tanto en el texto como en las acotaciones, a los elementos de caracterización en el proceso de construcción de la 'máscara' actoral. Los dos personajes se maquillan, se pintan el cuerpo, se visten, se ponen pelucas, corsés, se abultan los pechos... el travestismo implica al mismo tiempo una referencia metaficcional y un pretexto para la reflexión ontológica sobre la realidad y la apariencia, sobre el fondo y las formas, sobre identidades fingidas y relaciones humanas trasladadas, sustitutivas... falsas. De hecho, no es ésta la primera vez que Riaza plantea el desdoblamiento del actor en sus obras teatrales.[8] El texto dialogado subraya a menudo el significado del ritmo escénico –"tan lenta alternativa rompería la trágica tensión de la pieza"– y descubre, en suma, "los secretos de la puesta en escena". (Riaza 1981: 60) A través del disfraz se alude, además, al ocultamiento de una homosexualidad que en más de una ocasión da lugar a un discurso homoerótico explícito. Resulta evidente el gusto por la provocación verbal que preside el texto, fijando unas imágenes eróticas transgresoras de los códigos de la moral sexual más convencional.[9]

La Nodriza, actriz, le veda a Medea la aparición en escena de Jasón; se niega a esa sustitución que ella le demanda. En cambio, se hace pasar por la hija del rey, su rival, para hacerla sufrir con los celos. Medea aparece vestida de negro. La Nodriza, en su papel de Creusa, está vestida de blanco. El simbolismo de los colores supone una vez más la utilización iconoclasta de los códigos de valoración socialmente establecidos en relación con las relaciones de triángulo extraconyugal. Medea, la esposa traicionada, reivindica aquí con orgullo su papel de mujer hechicera, turbia, malvada, frente a la jovencita que es ahora su rival, a la que juzga despectivamente ingenua y vacua.[10] La alusión al desgaste que provoca la convivencia, con las rutinas domésticas como ceniza que apaga el fuego de la pasión, anuncia la inevitable transformación futura de Creusa en paciente esposa, en emblemática Penélope. Con todo, esta 'supuesta' Medea decide finalmente adelantar su venganza. La imaginada muerte de Creusa se representa en esta versión en el contexto de la misma boda, por acción del vestido de la novia, preparado por la maga para que arda justo en el crítico momento en que se lleve a cabo en la catedral la ceremonia de unión entre los amantes.

En diversas ocasiones, se alude explícitamente a la improvisación de los intérpretes como forma de subversión frente al texto fijado por la trama mítica.[11] La obra se va construyendo ante nuestros ojos. Los dos actores improvisan su desarrollo, se paran para recordar la escena que sigue, toman acuerdos básicos para que pueda seguir la representación.[12] Finalmente, Medea abre en canal a su hijo pequeño, el perrito de peluche cuya arena se esparce por doquier, y mata después al mayor ahogándole en la bañera. Mientras, llaman a la puerta, pero no es Jasón, sino el lechero. La Nodriza sigue negándose, pese a los requerimientos de Medea, a interpretar el papel de Jasón. En el horizonte, no hay posibles cambios ni alternativas: "No hay puerta. Sólo existe el interior y en él, también solamente, Medea y su doble..." (Riaza 1981: 71) Estamos ante una visión profundamente nihilista que deconstruye algunos de los valores fundadores de la sociedad occidental mientras representa alegóricamente las formas en que el poder perpetúa su acción sobre sus potenciales víctimas. Se plantea a cambio una propuesta estética atrevida y provocadora que incita a la libertad individual y a la ruptura de todo tipo de fronteras morales.

En el límite mismo de la libre manipulación creadora sobre el asunto mítico se sitúa la obra de Alfonso Zurro, *A solas con Marilyn* (1998), que supone una actualización contemporánea de la trágica historia de desamor y triángulo protagonizada por los personajes de la tragedia griega, pero sin ninguna alusión explícita a la misma. Este texto recuerda la conexión del mito griego con la actualísima problemática de creciente violencia en el ámbito del hogar, provocada por las enormes tensiones en unas relaciones entre los sexos cada vez más igualitarias y unas estructuras familiares más efímeras, cuyo eventual rechazo provoca la ebullición de pasiones como los celos, el odio y la venganza. La obra de Zurro conecta directamente con el sentido original del mito, "que representa la naturaleza femenina cuando es empujada al extremo de la desesperación y la humillación". (Rodríguez Adrados 1995: XI) Está dividida en treinta y tres fragmentos, formados en su mayor parte por un discurso monologal: el que protagoniza una mujer que acaba de ser abandonada por su marido, que la sustituye por esa Marilyn del título, de cinematográficas resonancias. Se incluyen también de forma alterna fragmentos que reproducen el relato de las 'perversiones' sexuales que protagonizan su amiga Lina y el carnicero del supermercado en el que ambas trabajan. Este discurso paralelo en torno a una experiencia sexual brutal permite al autor subrayar el contraste entre la fuerza de una pasión adúltera, secreta y prohibida, con el desgaste casi inadvertido que ha sufrido la relación conyugal que se muestra rota nada más iniciarse el drama. Junto al acertado juego estructural, se percibe además el dominio del autor de una cuidada prosa poética –de tintes vanguardistas– que, de acuerdo con las últimas tendencias de la escritura teatral, carece de indicaciones escénicas. La concatenación del discurso remite al fluir de la conciencia del monólogo joyceano, sin puntuaciones, saltando por libre asociación mental de un asunto a otro; un recurso manejado por el autor con maestría, de eficaz efecto estético.[13]

La protagonista de la obra, víctima de una común historia de desamor y abandono conyugal, se siente perdida, a la deriva, con la única compañía del pequeño hijo de ambos, en una casa vacía, deshecha, como su propia alma.[14] Como la Medea clásica, no puede dejar de preguntarse el porqué de la conducta del hombre que ella todavía ama; no puede romper el yugo. (Zurro 1998: 20) La sensación de irremediable desgracia, de cumplimiento del negro destino trágico se introduce con la sutil entrada del ángel de la muerte en la oscuridad nocturna de su casa. (Ibídem: 27) Un negro presentimiento le anuncia nuevas desgracias. El abogado le comunica que su exmarido quiere quitarle al niño, ya que no puede tener hijos con su nueva mujer; una mujer importante, influyente que, como la hija del rey de Corinto en la *Medea* griega, le está arrebatando a ella todo lo que más quiere.[15] Es entonces cuando nuestra anónima protagonista, una víctima en estado puro, después de haber caído en la desesperación total del que nada tiene ya que perder, recupera su perdido orgullo, se rebela y decide acometer el terrible parricidio, ahogando al pequeño contra su pecho:

> no Marilyn esto ya no es soportable nadie me lo va a arrebatar voy a detener la locura de ese hombre que por tu culpa quiere arrancarme lo que más amo no podéis imaginar de lo que soy capaz antes de veros felices riéndoos de mí voy a destrozarle el corazón a machacárselo tanto y tanto que toda su existencia sólo será dolor no volverá a conciliar el sueño en paz y me maldecirá a cada minuto por haberme conocido me arrastráis hacia el acto más inhumano que pueda llevar a cabo una mujer el más loco el más sanguinario el más infame el más salvaje no me dejáis otra escapatoria no tengo salida [...] yo que le di la vida voy a quitársela sí. (Zurro 1998: 51)

En *Polifonía*, de Diana de Paco Serrano, cuatro mujeres (Penélope, Medea, Fedra y Clitemnestra), encerradas en una cárcel cuya definición se presenta deliberadamente confusa, se enfrentan a su pasado y al peso de sus propias conciencias. Los episodios míticos cruciales que todas ellas protagonizaron forman parte del ayer. Ahora sólo les queda reconciliarse con sus recuerdos. Las historias de las tres últimas heroínas griegas son relatos acabados, que puntualmente rememora cada una de ellas en una escena de encuentro final con sus correspondientes antagonistas masculinos (Teseo y Agamenón, Jasón y Orestes). Penélope, en cambio, no se ha desligado aún del peso de su historia y las mantiene por ello atadas a todas en la cárcel de su conciencia, en el lazo duradero de su memoria inacabada:

> PENÉLOPE- [...] a vosotras hay un pasado que os une, una historia concluida, un dolor ya sufrido, y ahora os queda sólo esto; la apatía, el descanso sin descanso, la inquietud suspendida en la incertidumbre, sin tiempo, sin espacio... encerradas en una cárcel. Yo todavía tengo mucho por vivir. (Paco Serrano 2001: 117)

El recuerdo final de su último encuentro con Ulises nos da la clave que explica su paradójico destino común con las tres figuras 'antiprototípicas', que mancharon sus manos con sangre. Ella, la mujer paciente, la que no quiso subvertir su destino, cedió también, según esta libre versión, a la tentación de la violencia y mató a ese hombre que, tras largos años de ausencia, regresaba pretendiendo ser Ulises y sin serlo, totalmente distinto del marido que la abandonó para ir a la guerra, del hombre al que ella quería.

La revisión de los dramas de estas cuatro protagonistas coincide en comprender las razones que les llevaron al crimen, en sostener la legitimidad de su actuación violenta frente a unos hombres egoístas, insensibles, que reiteradamente las victimizaron. Tras esta intencionalidad autorial básica encontramos una motivación doble: la reivindicación feminista de la injusta situación de dependencia, abuso y traición respecto del varón padecida por estas y muchas otras mujeres a lo largo de la Historia, y un fondo moral relativizador que, desde una mentalidad absolutamente contemporánea, pretende subvertir la rígida moral trágica que divide al mundo en culpables e inocentes.[16]

Medea ha vagado y sufrido mucho después del crimen parricida que cometió, para encontrar un único refugio, un único consuelo: la compañía y la solidaridad de esas otras tres heroínas femeninas de la transgresión, que sostienen aún la legitimidad de sus acciones y se defienden como pueden de un injusto y terrible sentimiento de culpa. Nos encontramos, en suma, ante una mujer a la que "nadie, nunca, ha sabido comprender ni interpretar" (Paco Serrano 2001: 110), una mujer, que pasado el tiempo del crimen, apenas puede soportar el peso del dolor, pero que afirma una y otra vez no haber matado a sus hijos por venganza, sino por liberarlos del poder del terrible Jasón:

> JASÓN – Entonces..., entonces es verdad, no, no lo puedo creer, no lo has hecho, es imposible que hayas osado, ¿tú te has atrevido a...?
> MEDEA- A salvarlos de tus garras.
> JASÓN- ¿Qué estás diciendo?
> MEDEA- El tiempo que he pasado junto a ti me ha servido para aprender a despreciar la vida, a odiar la vigilia, y añorar el descanso bajo tierra, para siempre... Ellos no llegarán a sufrir las angustias que sufre su madre. (Ibídem: 118)

Como hemos podido comprobar, el potencial trágico de la figura mítica de Medea ha seguido siendo productivo en el teatro español de las dos últimas décadas. Junto con las esperables adaptaciones actualizadas de las obras de los clásicos –fundamentalmente, Eurípides–, que han dado lugar a varios montajes en el contexto de la habitual programación de este tipo de teatro culto, 'de prestigio', algunos autores españoles contemporáneos han seguido interesándose por repensar este viejo relato, elaborando nuevas visiones de la tragedia de la heroína griega. Además de encontrar interesantes reflexiones sobre su singular papel en la defensa de una más justa e igualitaria condición social femenina, existe también una visión general del mito, representativo de todo ser humano capaz de enfrentarse al sistema establecido. Su valentía a la hora de intentar subvertir un destino aparentemente cerrado, que la convirtió a menudo en objeto de múltiples censuras, ha provocado su transformación en icono de la lucha por la libertad individual y colectiva. Se ha producido, paralelamente a este profundo cambio, la identificación de los lectores y espectadores con una mujer que se siente sola en medio de la traición, y que, llevada a una circunstancia extrema, es capaz de atentar contra lo que más quiere para vengar su amor y su orgullo heridos. Para los citados dramaturgos, Medea ha supuesto, en definitiva, la posibilidad de reivindicar determinados valores alternativos. De ahí el carácter actual y moderno de un mito que ha permanecido vivo y vigente en la creación teatral española hasta nuestros días.

NOTAS

1. Véase un resumen integrado por las diversas fuentes clásicas del relato mítico en Guirand 1971: 263.
2. Ante las acusaciones de Creonte, que la condena al destierro, ya que la teme por ser "experta en muchos maleficios", Medea responde: "Pues al ser sabia, para unos soy objeto de celos, [para otros, indolente, para otros, lo contrario], para otros molesta todavía. Y no soy sabia en demasía, pero me tienes miedo." (Eurípides 1995: 17)

3. Incide en esta visión negativa del personaje la versión de Séneca, que carga las tintas en la cruel venganza de Medea, realizada aquí ante los ojos del propio Jasón. Esta figura aparece en cambio tratada con mayor humanidad, acercando comprensivamente al lector y espectador a un personaje complejo, cuya conducta se justifica en razón de las presiones que ha sufrido por variadas circunstancias.
4. Durante los años ochenta y noventa se han producido representaciones basadas en este mito a partir de adaptaciones posteriores, generalmente surgidas por la demanda de las compañías que estaban proyectando un montaje del mito en el contexto de la programación habitual de los clásicos –principalmente en el marco de los festivales–. Cabe citar entre ellas las versiones de *Medea*, de Manuel Canseco, Ramón Irigoyen, José Luis García Martín, Eduardo Alonso y Manuel Guede, Lorenzo Píriz Carbonell, Txiqui Berraondo, Graciela Gil y Magda Puyo, Fermín Cabal, Benito de Ramón, Francisco Palencia y María Fernández. Para más información sobre los montajes llevados a cabo sobre la mayor parte de estas adaptaciones, véanse los ensayos anuales sobre la temporada teatral publicados por Mª Francisca Vilches de Frutos en *Anales de la Literatura Española Contemporánea*, desde 1983.
5. "Del mito clásico ha quedado la soledad de Medea como exilio, la frustración como sustitución de su amor por Jasón, el abandono del mismo como sustitución a su maternidad y la imposible muerte de sus hijos que sólo existen en el deseo de Medea en forma de perros de trapo llenos de arena, vacíos de vida y existencia, los únicos, sin embargo, que son dichosos porque pueden saltar de la nada a la nada." (Ragué-Arias 1992: 120-121)
6. La conexión entre la vuelta a los clásicos y la indagación identitaria se desprende de ciertas alusiones que el autor incluye en su presentación a la obra: "Identidad, nos suponemos, que debe de venir de idéntico, de repetido. Recuperar la identidad perdida significaría, en este caso, repetir a los muertos que un día, ¡ay!, ya lejano fueron florón y prez de nuestras letras." (Riaza 1981: 3)
7. "En la vida cavernaria, por otra parte [...] solo es posible la sustitución. Nuestra época es la época de la sospecha, como dicen. Nuestra época es la de la sustitución./ Y puestos a sustituir, sustituyamos mujeres por hombres o vengan travestís y travestís. [...] Y puestos a sustituir, sustituyamos niños por perritos falderos, lo que sin duda, resulta el colmo del escamoteo teniendo en cuenta que Medea ha quedado fijada como el mito de la fertilidad desde que la inventaron los que la inventaron, mucho antes, desde luego, que los padres del teatro." (Riaza 1981: 10)
8. En otra obra suya anterior, *Retrato de dama con perrito* (1979), encontramos también la utilización del travestismo en relación con el juego de identidades escindidas, así como en *El palacio de los monos* (1979) se recurre también a la multiplicidad de papeles representados por un mismo actor. (Cazorla 1981: 16)
9. "NODRIZA- Llegado el momento, pondrá mi culo a disposición de la verga de madame... Mi culo no es sagrado como el de madame..." (Riaza 1981: 46)
10. "MEDEA- ¡Las manzanitas del bien e hijas de un Rey nada sabéis! Hay sustancias que hechiceras son, no cabe duda, pero están más allá de vuestras sombras consentidas... Toma de esas sustancias y la música de las esferas, en lugar de llegarte desde las ordenadas estrellas te sonará por dentro de las tripas..." (Riaza 1981: 52) "MEDEA- ¿Y que esa sopa negra que rodeaba a Jasón la bebía Jasón a borbotones, hasta la embriaguez mortal? ¡Pero eso no lo pueden comprender las cocinerillas de la blanca sopa y del plato del día sazonado con conyugal felicidad..." (53).
11. "MEDEA- Ahora Majestad, si os dignáis explicar por qué es necesaria vuestra alta presencia para arrojarme como un perro.../ NODRIZA- Medea debe abandonar la idea de que se la extraña de estos ámbitos.../ MEDEA- ¿Así denomina Su Majestad el arrojar a la gente, como perros...?/ NODRIZA- Después de todo, no debe ser tan malo el abandonar este maldito corral escénico lleno de principitas de nata y de reyes encorsetados.../ MEDEA- (Dulcemente reconveniente) Nodriza, ¿dónde está escrito eso?/ NODRIZA- A veces se improvisa. La señora mismo lo aconseja.../ MEDEA- Eres un Rey de habla refinada, no una sirvienta de lenguaje raez, no lo olvides... a los malditos corrales escénicos debes llamarlos 'ámbitos'... Vuelve al libro." (Riaza 1981: 63)
12. "MEDEA- ¿Y qué dispone la trama ilustradora para seguir adelante? ¿Qué falta de noche antes de que llegue el señor? / NODRIZA- La señora debe ser expulsada, como un perro, de Corinto. Luego vendrá la desolada despedida de Medea y los niños. Luego, el señor llega-

rá.../ MEDEA- ¡Cúmplase, pues, el destino de Medea! ¡Los dioses son la trama! ¡Que se lleguen los esbirros del Rey! ¡Que no se tarden los arrojadores de perros...!" (Riaza 1981: 62)

13. "aquel día llegó y se quedó en la puerta quieto mirándome sin mirarme entonces lo supe todo fue la luz cegadora del rayo que nos muestra el precipicio a nuestros pies en una centésima de segundo ves todo lo que la noche nos ha ocultado no hubiera necesitado decir nada cuando lo hizo dijo me voy sentí que el abismo me tragaba y caía arrastrada por un torbellino en el agujero negro." (Zurro 1998: 8)

14. "lo peor es esa estúpida sensación de abandono que te lo llena todo necesitaba haberle oído decir lo que sentía por mí hubiera querido que me vapuleara el alma linchado como amante compañera amiga madre como persona por qué él no se comportó así a los amantes cuando no sirven se les quema hay que quemarlos tenemos que ser sacrificados para poder resucitar pero él no me ha dado esa posibilidad me ha dejado perdida en un bosque de interrogaciones." (Zurro 1998: 16)

15. "el niño es mío sólo mío mi hijo es mío el niño no para qué quiere el niño que le dé uno su puta es que no puede tener hijos es que no puede tener hijos." (Zurro 1998: 35) El abogado le explica que debe negociar, debe plegarse para evitar lo peor: "es preferible negociar ahora no llegar hasta el límite dice todo podría ser peor dice ella su nueva compañera es importante ella es importante dice tiene amistades muy altas influyentes dice ella es la que mueve las cosas dice tenemos que negociar antes de que se hunda todo todo todo" (45).

16. "PENÉLOPE – No existe aquí la palabra culpa, ni la inocencia. Ni existen personas justas o injustas" (Paco Serrano 2001: 107); "FEDRA- Míralo de otra manera: El egoísmo no existe, ni tampoco el altruismo, el sacrificio no tiene sentido" (ibídem: 108); "TELÉMACO- Los dos somos igual de hipócritas ¿es eso?/ PENÉLOPE- No te preocupes, todos lo somos." (Ibídem: 109) "FEDRA- Ya no hay remedio. ¿Qué haces tú aquí si has obrado con justicia?/ CLITEMNESTRA- Si te soy sincera, no lo sé. El Caos. Lo justo se ha vuelto injusto, los asesinos han sido absueltos, es el final, el desorden, la confusión, el holocausto." (Ibídem: 110).

BIBLIOGRAFÍA

Blesa, Túa (ed.)
    1998   *Mitos. VII Congreso Internacional de la Asociación Española de Semiótica*. 3 vols. Zaragoza: Universidad.
Bricout, Bernadette (comp.)
    2001   *La mirada de Orfeo (Los mitos literarios de Occidente)*. Barcelona: Paidós.
Butler, Judith
    1990   *Gender trouble: Feminism and the subversion of identity*. Londres: Routledge.
Cazorla, Hazel
    1981   'La invención de la libertad o el triunfo de la imaginación en el teatro de Luis Riaza.' En: *Pipirijaina* 18: 11-25.
Durán, Mª Ángeles y José A. Rey (eds.)
    1987   *Literatura y vida cotidiana. Actas de las IV Jornadas de investigación interdisciplinaria*. Zaragoza: Seminario de Estudios de la Mujer de la Universidad Autónoma de Madrid.
-------- y M. D. Temprano
    1987   'Mujeres, misóginos y feministas en la literatura española.' En: Durán y Rey 1987: 415-487.
Eliade, Mircea
    2000   *Aspectos del mito*. Barcelona: Paidós.
Eurípides
    1995-2002   *Tragedias*, III-V vols. Madrid: CSIC.
    1995   *Medea*. En: Eurípides 1995, vol. III: 1-61.
García Gual, Carlos
    1992   *Introducción a la mitología griega*. Madrid: Alianza.

Gil, Luis
    1975   *Transmisión mítica*. Barcelona: Planeta.

Guirand, Félix (dir.)
    1971   *Mitología general*. Barcelona: Labor.

Hartwig, Susanne y Klaus Pörtl (eds.)
    2003   *Identidad en el teatro español e hispanoamericano contemporáneo*. Frankfurt am Main: Valentia.

Henríquez, José
    2001   'Diana de Paco y las heroínas de *Polifonía*: "Son mujeres transgresoras que rompen el silencio".' En: *Primer Acto* 291: 98-102.

Nieva de la Paz, Pilar
    1994   'Recreación y transformación de un mito: *La nieta de Fedra*, drama de Halma Angélico.' En: *Estreno* 20. 2: 18-22 y 44.
    1998   'Los mitos literarios en el teatro de las autoras españolas contemporáneas: una aproximación panorámica.' En: Blesa 1998, vol. III: 267-273.

Paco Serrano, Diana M. de
    2001   *Polifonía*. En: *Primer Acto*, 291: 103-123.
    2003   *La tragedia de Agamenón en el teatro español del siglo XX*. Murcia: Universidad.

Ragué-Arias, María-José
    [1992]   *Lo que fue Troya. Los mitos griegos en el Teatro Español Actual*. Madrid: Asociación de Autores de Teatro.

Riaza, Luis
    1981   *Medea es un buen chico*. En: *Pipirijaina. Textos* 18: 29-71.

Rodríguez Adrados, Francisco
    1995   'Introducción.' En: Eurípides 1995, vol. III: XI-XXXIII.
    1999   *Del teatro griego al teatro de hoy*. Madrid: Alianza.

Ruiz de Elvira, Antonio
    1975   *Mitología clásica*. Madrid: Gredos.

Segura Graíño, Cristina (ed.)
    2001   *Feminismo y misoginia en la literatura española. Fuentes literarias para la historia de las mujeres*. Madrid: Narcea.

Séneca, Lucio Anneo
    1979-1980   *Tragedias*. Ed. de J. Luque Moreno. 2 vols. Madrid: Gredos.
    1979   *Medea*. En: Séneca 1979, vol. I: 277-341.

Vilches de Frutos, Mª Francisca
    1983   'Introducción al estudio de la recreación de los mitos literarios en el teatro de la posguerra española.' En: *Segismundo* 17: 183-209.
    2002   'La regeneración social a través de los mitos: Circe en la escena española contemporánea.' En: *Estreno* 28.1: 5-7.
    2003   'Identidad y mito en el teatro español contemporáneo.' En: Hartwig y Pörtl 2003: 1-14.

Zurro, Alfonso
    1998   *A solas con Marilyn*. Sevilla: Galaor.

Mª Francisca Vilches de Frutos
Consejo Superior de Investigaciones Científicas (Madrid)

IDENTIDAD Y MITO EN LA ESCENA ESPAÑOLA ACTUAL: CASANDRA COMO PARADIGMA

La escena española actual muestra la vigencia de los mitos para entender las profundas transformaciones experimentadas por la sociedad contemporánea, en especial, en la delimitación de los rasgos de identidad de sus individuos, en la comprensión de los problemas generados por la existencia de nuevos modelos sociales, en la definición de las emergentes relaciones surgidas por la consolidación de los mismos, y en la búsqueda de claves de comprensión para entender mejor estos cambios. Sin alejarse de la caracterización progresista otorgada por algunos autores españoles como Benito Pérez Galdós y Mª Luisa Algarra, que optaron por convertirla en símbolo de la lucidez del librepensamiento frente a los modelos conservadores, la Casandra actual rescata su condición de concubina de Agamenón y es presentada como un símbolo de la marginación, en una doble vertiente, la sufrida por todas aquellas mujeres victimizadas a manos del varón y la de todos aquellos seres que deben emigrar y abandonar sus países y costumbres para defender su dignidad. También se erige como una profetisa que alerta sobre los graves peligros de los planteamientos belicistas, aboga por el respeto a los derechos humanos, y advierte sobre las consecuencias de la deshumanización del entorno urbano.

Como ya he apuntado en la introducción a este volumen, en la actualidad son numerosas las creaciones literarias donde se reflexiona sobre la identidad humana, los problemas generados por la existencia de nuevos modelos sociales, la definición de emergentes relaciones surgidas por la consolidación de los mismos, y la búsqueda de claves de comprensión para entender mejor estos cambios. Y, entre estos caminos, no deja de sorprendernos el interés de algunos de los jóvenes escritores dramáticos contemporáneos por los mitos griegos. También en períodos anteriores se detuvieron otros escritores dramáticos en estos mismos arquetipos de la tradición cultural. La nómina es extensa.[1] No obstante, en su proceso de búsqueda de nuevas señas de identidad los autores contemporáneos han preferido elegir unos mitos en detrimento de otros, cuestionar el sentido de sus existencias tras el paso del tiempo, y prestarles nuevas configuraciones más acordes con los problemas del ser humano en el momento presente. Los espacios donde se desarrollan sus conflictos han sido modificados para adquirir las dimensiones y características del entorno de la sociedad contemporánea: las grandes ciudades. Lejos de plantear una plena identificación con los modelos clásicos, éstos han sido filtrados por el tamiz de la crítica y de la ironía. Incluso, bajo la influencia de los presupuestos de la posmodernidad, han optado por crear nuevos universos en los que los caracteres y acciones definitorios de unos mitos se fusionan con los de otros. Ulises, Penélope, Circe, Antígona, Fedra, Agamenón, Medea, Clitemnestra, Electra, Orestes, Edipo, Aquiles, Pentesilea, Penteo, Ismena y Egisto, entre otros, han sido protagonistas de modernas creaciones dramáticas en las que los autores dramáticos españoles han reflexionado sobre la identidad personal actual.[2]

En esta ocasión me gustaría llamar la atención sobre el tratamiento de uno de estos personajes mitológicos de la tradición clásica, Casandra[3], en dos creaciones teatrales: *Martillo seguido de el regreso de Agamenón*, de Rodrigo García, y *La noche de Casandra*, un trabajo de dramaturgia liderado por Raúl Hernández García, con la colaboración de Luis Miguel González Cruz, José Ramón Fernández y José Monleón sobre textos de varios autores. Como veremos a continuación, la recreación de la figura de Casandra en estos dos textos permite a sus autores incidir en la denuncia de una sociedad dominada por el egoísmo, el interés y la violencia, que no ha sido capaz de dar una respuesta adecuada a los profundos cambios acaecidos en los últimos años en su seno. Plantean así la discriminación e instrumentalización a las que se ven sometidas las mujeres, se manifiestan en contra de la deshumanización de los entornos urbanos, y realizan un valiente alegato antibelicista.

Como viene siendo habitual en su trabajo como creador (Ragué-Arias 1996: 258-260), la obra de Rodrigo García presenta una estructura integrada por once escenas, cuatro de las cuales están protagonizadas directamente por ella: 'Los cinco monólogos de Casandra', 'El diálogo de Clitemnestra, Agamenón, Egisto y Casandra', 'El diálogo de Casandra y Agamenón', y 'El diálogo de Casandra y Egisto'.[4] La profetisa comparte el protagonismo de la obra con otros tres personajes más de la tradición mítica, Clitemnestra, Agamenón y Egisto (Paco Serrano 2003) y con uno más, procedente del mundo de los objetos, la Atalaya del palacio de los Atridas. Los datos que acompañan a los 'Dramatis personae' al inicio del texto orientan ya al lector/espectador sobre los rasgos del personaje de Casandra que le interesan a Rodrigo García: "CASANDRA- adivina de Troya, puta de Agamenón." (García 2000: 112). No es éste el perfil que desarrollaron con anterioridad otros escritores como Benito Pérez Galdós en su obra homónima, estrenada en el teatro Español, de Madrid, el 28 de febrero de 1910, o Mª Luisa Algarra en *Casandra, una crónica española*, un drama sobre la guerra civil española, que optaron por recrear principalmente la condición de adivina del personaje. Llama la atención el hecho de que los modelos femeninos creados en ambas se plantearan también como paradigmas para un sector de la sociedad española del momento, representando la lucidez del librepensamiento frente a los modelos conservadores predominantes. "Yo no adivino más que lo que ignoran los tontos y lo que olvidan los desmemoriados" (Pérez Galdós 1963: 796), pronuncia la Casandra del escritor canario, unas palabras semejantes a las reflexiones de la Juana/Casandra de la obra de Mª Luisa Algarra (Nieva de la Paz 1997), capaz de intuir el conflicto que se avecinaba:

> "¡Sucede todo! Y ellos no quieren dar su brazo a torcer. ¡Nunca lo darán! Se ponen cada vez más nerviosos..., más irritables... más agresivos conmigo... *(Se encoge de hombros.)* Vivirían mucho más tranquilos si se decidieran a aceptar la realidad... pero ¡no! cualquier cosa antes que eso... *(Pausa. Transición más lenta.)* La mía es una facultad inútil que no tiene a qué aplicarse... Como una llave que no tuviera qué abrir... la llave de una puerta inexistente." (Algarra 1994: 62)

En *Martillo seguido de el regreso de Agamenón*, Rodrigo García retoma la tradición literaria clásica y algunos de sus personajes míticos más conocidos para hablarnos de las consecuencias de la práctica de la violencia y de la injusticia, aunque sea en aras de un supuesto cumplimiento del deber con la sociedad en la que el ser humano está inmerso. La ciudad a la que vuelve Agamenón, acompañado de Casandra, no es la mítica Micenas, sino un entorno urbano actual con rascacielos, poblada de seres degradados. Es la consecuencia de diez años de guerra, la emprendida contra Troya, pero de las guerras existentes cuando se gestó el texto. En un momento como el presente, en el que la sociedad española se ha manifestado en contra de continuar con una política belicista, el mensaje de Rodrigo García cobra aún mayor vigencia que cuando se escribió y se llevó a escena, a comienzos de la década de los noventa, cuando muy pocos podrían prever las nuevas caras que presentarían las guerras del siglo XXI.

Esta degradación llega a todos sus protagonistas, y, en especial, a Casandra, presentada por el autor de origen argentino, afincado en España desde mediados de la década de los ochenta, en el momento en que se convierte en concubina de Agamenón como botín de guerra. Tras los dos monólogos iniciales, protagonizados por Clitemnestra y Agamenón, en el tercero, titulado 'Los cinco monólogos de Casandra', el personaje irrumpe con fuerza dramática. En éste monólogo no se encuentra ninguna referencia a su condición de adivina: sólo la imagen de una mujer destruida, obligada a acompañar al rey de Micenas, que aparece en la obra en una silla de ruedas, símbolo de las trágicas consecuencias de la guerra vivida. El lamento de Casandra, como el de tantos refugiados de guerra, es el de una persona a la que se le ha sustraído su identidad, a la que se le ha alejado de su patria, familia y amigos:

> Yo voy descalza/Para qué me has traído/Agamenón/Para qué me has arrastrado/de mi patria La patria/Devastada por tus tropas/Tus manos/Para que empuje tu cuerpo/Por el corazón/Por el infarto/de las ciudades (¿?) (García 2000: 123)

En este texto no es difícil ver a Casandra como un moderno paradigma de tantos y tantos seres que llegan a las ciudades modernas impelidos por la emigración y el exilio, víctimas de la creciente deshumanización a la que los sistemas económicos les han abocado. Pero no es ésta la única lectura simbólica del personaje. En el destino de Casandra, Rodrigo García vislumbra también el de otros personajes de la epopeya clásica, como Helena o Clitemnestra, pero también el de todas aquellas mujeres que han sido objetualizadas sexualmente por el varón:

> Llámame Helena/Casandra Clitemnestra/Todas las furcias somos/una/A mí me toca crear/las noches/Por eso traigo el mundo/patas arriba/ [...] Yo me encuentro con los hombres/cuando los hombres ya son/viejos/Y no quieren regresar al insomnio/de su cama/Y visitan la mía que es/la calle/Y pasean con los ojos como platos/por mi cama/Y se emborrachan y se saltan los discos/de mi cama/Escupiendo en las aceras de mi/Cama/Gritando sumándose al /bullicio de mi cama/Perdiéndose entre mis/escaleras-mecánicas/Resguardándose cuando llueve/Bajo las torres de mi cama, (García 2000: 124)

Esta identificación metafórica de Casandra con un espacio urbano integrado por calles, aceras, escaleras y torres, al que acuden los hombres cuando "ya son/ viejos", parece remitir a una percepción de su identidad como un ser engañado, victimizado y explotado. Pero Casandra se defiende en cambio frente al varón con una fortaleza que en absoluto responde al modelo de debilidad femenina trasmitido a lo largo de la Historia. Coincide en esto con el otro personaje femenino de la obra, Clitemnestra, que en otra de las escenas de la obra, 'Los dos diálogos de Clitemnestra y Egisto', se manifiesta en el mismo sentido:

> Egisto/ojalá tuvieras sangre/de mujer/Te atreverías a tantas cosas/A ser engañada a cerrar los ojos/a la traición/A ocultar tus palabras/y tus varices/A mojar tus gritos en una/pila de platos/A tragarte el odio ablandado/Te acostumbrarías/a llevar muertos/en la panza/Te acostumbrarías a tanto/Egisto ojalá fueras/mujer/Así serías un/hombre/de verdad. (Ibídem: 135)

Este nuevo planteamiento de la identidad de Casandra, que, como un caleidoscopio, nos presenta distintas facetas, desde la de tantas mujeres objetualizadas sexualmente por los hombres hasta la de paradigma de tantos seres humanos marginados y oprimidos como consecuencia de la emigración y del exilio, parece justificar las modificaciones que el autor realiza sobre la acción, la caracterización de los personajes y el marco espacio-temporal de la historia transmitida por las fuentes clásicas.[5] Como tantos otros creadores que han bebido en las textos de la tradición, su deseo es resaltar el potencial mensaje actual de la historia clásica y situar al espectador/lector ante unos hechos cercanos, a pesar de la lejanía cronológica. Con este objetivo introduce en la obra numerosos elementos anacrónicos, surgidos en las narraciones contenidas en los diferentes monólogos: personajes –carniceros ataviados con mandiles y cuchillos, el chófer del autobús que lleva a Agamenón a la ciudad, unos camareros que atienden a los invitados de Egisto–; espacios urbanos –una ciudad llena de rascacielos, una suite de hotel, un aeropuerto, una autopista, unos bares–; objetos –confetis, serpentinas, globos de colores, un reloj, tazas de café, frascos de maquillaje, cubos y camiones de basura, revólveres, un autobús, una silla de ruedas, una cabina telefónica, un contestador, altavoces, una postal, un avión, coches, leche en polvo, periódicos, balas, un frac, carretes de fotos, un vídeo, mangueras, ascensores–. Las rutinas de la vida urbana afloran por doquier. Así, en el primer monólogo pronunciado por afloran por doquier. Así, en el primer monólogo pronunciado por Clitemnestra, cuando se produce su agrio lamento por pertenecer y vivir en un estercolero, se alude también a un destino compartido por otros ciudadanos "pagados/para revolver allí/durante ocho horas laborables", a pesar de que el hedor los siga "hasta las camas". (García 2000: 117) Ni siquiera en los períodos de ocio, el individuo contemporáneo logra sustraerse a la degradación del entramado social. En 'Los tres monólogos de Egisto', éste ofrece una agria visión de unos visitantes que recorren las ruinas de la ciudad de Micenas: la de unos seres sometidos a la vertiginosa marcha del recorrido, más atentos a disparar sus flases y comprar recuerdos turísticos que a la contemplación estética del entorno.

Pero encontramos en 'Los cinco monólogos de Casandra' la escena en la que mejor se aprecia ese rechazo a la vida urbana contemporánea, donde sus habitantes deben convivir en espacios reducidos, contaminados por el humo, sujetos a una rutina laboral que deshumaniza, sometidos a un régimen de apariencias, aplastados simbólicamente por esas grandes torres de rascacielos con cristales. De ahí el lamento de Casandra ante la contemplación del espacio que le aguarda:

> El humo corroe/no oxigena/Veinte metros cuadrados enloquecen/no hacen a la convivencia/El trabajo humilla/no dignifica a nadie/Las cosas/son más claras que cuando/las veo/detrás del cristal/por eso/Cómo amarte/ciudad del reflejo/Viviré en el temblor/que corresponde a/las apariencias/puestas de pie/bajo las torres/Las torres que gritan/caérseme encima/si/Osada/Intento mirar al cielo. (Ibídem: 124)

No son los únicos momentos en los que Rodrigo García se aparta de la tradición. La transgresión más llamativa y vigente se produce cuanto altera el relato del asesinato de Agamenón, que no sucumbe a manos de Egisto, puesto que es este último el que perece, para hacerle partícipe de un destino que Clitemnestra le augura como todavía más cruel que la muerte: la soledad, una de las lacras que menos soporta la sociedad contemporánea:

> Para/Los/Asesinos/El/Infinito/Abandono/Serás/Igual/Que/El
> Minotauro/Pero/Nadie/Vendrá/A/Matarte/Porque/Te/Habrás/
> Quedado/Tan/Solo/Que/Ni/Enemigos/Se/Preocuparán/Por/Ti/Estarás
> /Con/El/Interminable/Expirar/De/Los Objetos/Como/Estuve/Yo/
> Durante/Soles/Te/Cansarás/De/Ocupar/El/Vacío/Con/Palabras. (Ibídem: 140)

Esa condición de paradigma, de símbolo de la esclavitud a la que tantas mujeres han sido condenadas a lo largo de los siglos, esa moderna identidad asociada a la de otras tantas que deben emigrar y abandonar sus países y costumbres para defender su dignidad, ese rechazo a una política belicista como justificación a otros actos anteriores de la misma naturaleza, subyace también en la obra *La noche de Casandra*. El texto publicado por la revista *Primer Acto* constituyó el resultado de una interesante experiencia colectiva que pretendía dar cauce a la creatividad de varios artistas de distintos países: autores dramáticos, directores, intérpretes, un escenógrafo y un músico.[6] El equipo de dramaturgia, liderado por Raúl Hernández García, con la colaboración de Luis Miguel González Cruz y José Ramón Fernández, miembros los tres del grupo Teatro del Astillero, y el autor y crítico, José Monleón, trabajó con los textos de Miguel Murillo y Juan Pablo Heras, de España; Armando Nascimento Rosa, de Portugal; María Pia Daniele, de Italia; Matei Visniec, de Francia, y Draga Potocnjack, de Eslovenia, reunidos para tal fin en la Residencia de la Universidad Carlos III, de Madrid. Como se puede apreciar, son seis los autores españoles destacados, pertenecientes a distintas generaciones, los que participaron en esta sugestiva recreación del mito clásico. Se trataba de montar un espectáculo que presentara a Casandra, sometida a la esclavitud como consecuencia de la guerra, erigida en baluarte, según palabras de José Monleón, "de un nuevo concepto de justicia –que hoy llamamos Derechos Humanos, o Derechos Fundamentales– frente al aceptado sistema de venganzas 'nacionales', dirigidas por los intereses del poder". (Monleón 2001:10)[7]

El texto se abre con un diálogo entre dos personajes, Vibko y Stanko, dos seres a los que les unen vínculos familiares –son cuñados–, enfrentados por una contienda bélica, en un espacio desolador donde viven familias desmembradas por la muerte o el exilio, sujetas al hambre y al dolor.[8] A ésta le seguirán otras breves escenas: el encuentro de una emigrante embarazada con un guardia que le impide el paso al no tener los permisos reglamentarios; el cerco de su hija, Casandra, por parte de un grupo de personas que claman para que les sean devueltas su libertad, sus familias, sus casas y sus tierras; el diálogo entre dos mujeres que acuden al cementerio a velar a sus muertos, víctimas los de la primera de la tortura infringida por el marido de la segunda, un militar de alto rango; la defensa por parte del niño Armin y de su abuelo de los cadáveres de sus familiares, asesinados por unos soldados a los que se les ha dado la orden de incinerarlos; el relato de la tortura infringida a un hombre que ha llegado a otro país huyendo de la guerra; la presentación de la indiferencia de un médico ante la locura de Armin, siempre acompañado por esos difuntos; varios actos de tortura física y sicológica a personas retenidas contra su voluntad, y la contemplación del trabajo de un grupo de inmigrantes ilegales, integrado por un niño, su madre, un médico y un ingeniero que son delatados y deportados. Finaliza con un alegato a favor de la unión de los seres humanos para alcanzar un mundo mejor para todos.[9]

Como ocurriera en la creación de Rodrigo García, ya desde el comienzo, en la primera acotación escénica con la que se abre el texto, los autores presentan la condición simbólica del personaje, que anuncia *"el camino hacia la dignidad del individuo"*. (Hernández et alii 2001: 48) La mítica Casandra, princesa de Troya, adivina por el favor de Apolo, convertida en la esclava de Agamenón como botín de guerra, se transforma así, gracias a la recreación de estos escritores, en símbolo de otras tantas mujeres violadas, ultrajadas y expulsadas de sus tierras de origen, pero también en paradigma de esperanza, en baluarte de resistencia, en promesa de utopía, a la que debemos aspirar todos los seres humanos siempre y más en un momento como el que se presenta, en el que demasiados signos recuerdan oscuras épocas del pasado que se creían ya olvidadas en la noche de los tiempos:

CASANDRA: Yo he sido expulsada de mi tierra.
Yo he sido violada y ultrajada.
Me han asesinado y mis restos han sido profanados.
Pero no han podido con mi voz.
Mi voz se alza por encima de todas las torturas.
Mi voz perseguirá a mis opresores, a mis torturadores.
Mi voz construirá un futuro
Donde nunca más
El sufrimiento
La tortura
El asesinato
Tengan cabida. (Hernández et alii 2001: 52)

Casandra se erige así en un nuevo paradigma para un determinado sector crítico con la sociedad contemporánea, una 'aldea global' que todavía no ha dado soluciones viables a los problemas generados por el encuentro entre identidades divergentes asociadas a la diferencia de razas, culturas y religiones, y que todavía tiene pendiente generar nuevos cauces para un desarrollo económico sostenido que evite las desigualdades entre países pobres y ricos, deteniendo los grandes flujos migratorios tan contrarios al mantenimiento de la dignidad de tantos seres humanos arrojados a otros países en búsqueda de unas condiciones de vida más aceptables. La violencia y la guerra como respuesta a los drásticos cambios experimentados por la sociedad alumbrada a comienzos del siglo XXI no constituye la senda por la que estos autores nos animan a transitar. Un fuerte espíritu antibelicista subyace en toda la obra. Sus creadores no escatiman palabras a la hora de presentar los signos de los desastres de la guerra y de la violencia.[10]

Recuperando la identidad del mito clásico, la obra profundiza en la incapacidad de la sociedad actual para comprender y seguir el camino trazado por la protagonista: la negación de la venganza, el repudio de la violencia como respuesta inmediata a la persecución, la devolución del 'golpe por golpe'. (Ibídem: 53) Como el mito del que bebe, la moderna Casandra tampoco encuentra la manera de advertir a sus congéneres sobre los peligros que entraña la práctica de la violencia, de la guerra, del asesinato y de la tortura, a menudo justificados como una venganza ante tantas iniquidades sufridas[11]: "*Casandra se enfrenta de nuevo a su maldición. ¿Quién quiere oír a la razón, quien quiere hablar de derechos, cuando todos prefieren el lenguaje del odio, de la venganza? Otra vez más, y quizá no sea la última. Otra vez más.*" (Ibídem: 56) Casandra aboga una y otra vez a lo largo de la acción dramática por construir la paz dejando a un lado el rencor, el cese de cualquier acción bélica, un mensaje amplificado por el coro, que funciona en esta creación como la voz de la conciencia:

CORO:
-Nunca más sufriremos el peso de la opresión. Hemos sufrido una guerra tan dura. Si queremos la paz, debemos construirla. ¿Es justo lo que digo o no?
-Es justo.
-Sí, es justo. Pero es hora de desterrar el rencor. Que la violencia cese, en todas sus formas. Que la cicatriz se cierre.

> [...]
> Cuidado. Os dirán que los derechos humanos deben subordinarse a las exigencias del estado de las tradiciones nacionales, de la religión del bienestar.
> Os hablarán de justicia, de libertad. Pero no de la justicia y libertad de todos. Manipularán esas palabras, las mismas por las que nosotros luchamos, y os pedirán el sacrificio por el bien de los principios, de sus principios. Os predicarán con la esperanza en un mundo mejor para silenciaros. (Hernández et alii 2001: 59)

Podemos concluir afirmando la vigencia de los mitos para entender las profundas transformaciones experimentadas por la sociedad contemporánea, en especial, en la delimitación de los rasgos de identidad de sus individuos y en la definición de sus espacios. Como otros personajes míticos, Casandra se convierte de la mano de algunos de los escritores dramáticos más destacados de la escena española actual en un paradigma vigente, a través del cual reflexionan sobre la identidad humana, abordan los problemas generados por la existencia de nuevos modelos sociales, tratan de definir las emergentes relaciones surgidas por la consolidación de los mismos, y buscan claves de comprensión para entender mejor estos cambios. Sin alejarse de la caracterización progresista otorgada por algunos autores españoles como Benito Pérez Galdós y Mª Luisa Algarra, que optaron por convertirla en símbolo de la lucidez del librepensamiento frente a los modelos conservadores, la Casandra actual rescata su condición de concubina de Agamenón y es presentada como un símbolo de la marginación, en una doble vertiente, la sufrida por todas aquellas mujeres victimizadas a manos del varón y la de todos aquellos seres que deben emigrar y abandonar sus países y costumbres para defender su dignidad. También se erige como una profetisa que alerta sobre los graves peligros de los planteamientos belicistas, incluso los justificados como venganza ante las iniquidades sufridas, aboga por el respeto a los derechos humanos, y advierte sobre las consecuencias de la deshumanización del entorno urbano.

NOTAS

* Deseo expresar mi agradecimiento a José Ibáñez Haro por su labor como ayudante de investigación.

1. Entre los más destacados citaremos a Mª Luisa Algarra, Antonio Buero Vallejo, Mª Francisca Clar (*Halma Angélico*), Antonio Gala, Agustín García Calvo, Ramón Gil Novales, Alfonso Jiménez Romero, María de la O Lejárraga, José Martín Elizondo, José Martín Recuerda, Antonio Martínez Ballesteros, Domingo Miras, Lourdes Ortiz, José Mª Pemán, Mª José Ragué-Arias, Carmen Resino, Luis Riaza, Alfonso Sastre, Fernando Savater, Gonzalo Torrente Ballester, Miguel de Unamuno y María Zambrano. (Vilches de Frutos 1983; Lamartina-Lens 1986; Serrano 1991; Ragué-Arias 1992; Nieva de la Paz 1994, 1998; Paulino 1994; Paco Serrano 2003)
2. Véase en Vilches 2003 la creación de nuevas identidades en obras como *Las voces de Penélope*, de Itziar Pascual; *La balada de la cárcel de Circe*, de Elena Cánovas; *Martillo seguido de el regreso de Agamenón*, de Rodrigo García, y *Los restos: el regreso de Agamenón*, de Raúl Hernández Garrido, entre otras.
3. En la tradición clásica, Casandra, hija de Príamo y de Hécuba, era conocida por sus poderes como profetisa, otorgados, según una de las leyendas, por el dios Apolo, que, enamorado de ella, le arrancó la promesa de corresponderle si se los proporcionaba. Sin embargo, a pesar de haber aceptado, Casandra no accede a ello finalmente, por lo que el dios decide castigarla haciendo que nadie preste crédito a sus profecías. En el saqueo de Troya es entregada a

Agamenón, que enamorado de ella, la convierte en su concubina y la lleva a Micenas, donde sucumbirá, junto con él, a manos de Clitemnestra y Egisto. Casandra dio a Agamenón dos gémelos: Teledamo y Pélope. (Grimal 1966: 89-90)
4. Completan la obra 'Los siete monólogos de Clitemnestra', 'Los dos monólogos de Agamenón', 'Los tres monólogos de Egisto', 'El monólogo del Atalaya', 'Los dos diálogos de Clitemnestra y Egisto', 'Los dos diálogos de Clitemnestra y Agamenón', y una brevísima pieza que añade al final de la obra, 'El regreso de Agamenón'.
5. Véanse las citas específicas en Grimal 1965: 89.
6. El resultado del taller español en formato de espectáculo se presentó en España en los teatros García Lorca, de Getafe, y Rigoberta Menchú, de Leganés; en Portugal, en la Escuela Superior de Cine y Teatro, de Lisboa, y, en Italia, en el Espacio Florian, de Pescara y el Teatro Municipal de L´Aquila. Participaron como directores el español Pedro Álvarez Ossorio, la italiana Nicoletta Guidotti y el portugués Pedro Saavedra, el escenógrafo esloveno G. Vlado, y el músico francés Phil Spectrum.
7. Como señaló José Monleón en la presentación previa al texto aparecido en la revista *Primer Acto*, "el proyecto no suponía tanto la aceptación de un determinado modo de construir el espectáculo, como la de abrir esta construcción a artistas procedentes de diversos países, que se desconocían entre sí, sujetos a tradiciones teatrales distintas, y a los que se pedía que dieran su visión y su testimonio sobre el tema de los Derechos Humanos en la actual realidad europea, con especial referencia a su propio país y a su experiencia concreta". (Monleón 2001: 8)
8. El entorno humano y material en el que se desarrolla la obra se presenta así desde el inicio:
"*El Actor responde, y con él las voces describen lo que hay. Lo que tenemos:*
-Barro, confusión, tierra. Luces en las tinieblas, que lo único que hacen es ensuciar el aire.
-Tristes éxodos, despedidas, pérdidas.
-Familias desmembradas.
-El hijo perdido, la madre muerta.
-Un camino de dolor.
-Y el hambre." (Hernández et alii: 50)
9. Con esta finalidad los autores trabajaron con técnicas procedentes del teatro-documento y del teatro épico brechtiano. Sirvan como ejemplo las constantes intervenciones de los actores dirigiéndose al público/lector para exponer sus propios puntos de vista e interpelarlo, o la presentación de Casandra, realizada a través de otro personaje, una mujer que para recordar al auditorio quién es ésta figura recurre a la lectura de un texto que informa sobre la aprobación de la Declaración Universal de Derechos Humanos el 10 de diciembre de 1948 por la Asamblea General de las Naciones Unidas. (Hernández et alii: 50)
10. "-Enséñanos las huellas de tu sufrimiento./-Mira las mías. Me arrancaron los ojos./-A mí me quemaron viva./-A mí me arrancaron de entre los brazos a mi hijo, y lo masacraron delante de mí./-A mí me marcaron el cuerpo a latigazos" (52).
11. Según señala José Monleón, era uno de los objetivos del proceso al comienzo de su gestación: "Y que tal demanda, según la maldición que pesó sobre Casandra, no fuera aceptada ni creída por nadie. Es decir, que se transformara en una profecía postergada, de cuyo incierto y futuro cumplimiento depende la instauración de un justo orden internacional." (Monleón 2001:10)

BIBLIOGRAFIA

Algarra, Mª Luisa
    1994   *Casandra, una crónica española*. En: *Primer Acto* 253: 36-76.
Bermejo Barrera, J. C. y F. Díez Platas (eds.)
    2002   *Lecturas del mito griego*. Madrid: Akal.
Blesa, Túa (ed.)
    1998   *Mitos. Actas del VII Congreso Internacional de Semiótica*. Vol. III. Zaragoza: Universidad de Zaragoza.

García, Rodrigo
    2000   *Obras (in)completas. Notas de cocina. Acera derecha. Martillo. Matando horas.* Madrid: La Avispa.

Grimal, Pierre
    1966   *Diccionario de la mitología griega y romana.* Barcelona/Madrid/Buenos Aires/Río de Janeiro/México: Labor.

Hartwig, Susanne y Klaus Pörtl (eds.)
    2003   *Identidad en el teatro español e hispanoaramericano contemporáneo.* Frankfurt am Main: Valentia.

Hernández Garrido, Raúl, Luis Miguel González, José Ramón Hernández, José Monleón et alii.
    2001   *La noche de Casandra.* En: *Primer Acto* 288: 46-65.

Lamartina-Lens, Iride
    1986   'Myth of Penelope and Ulysses in *La tejedora de sueños. ¿Por qué corres Ulises?* and *Ulises no vuelve.*' En: *Estreno* 12.2: 31-34.

Monleón, José
    2001   'El proceso de Casandra.' En: *Primer Acto* 288: 7-14.

Nieva de la Paz, Pilar
    1994   'Recreación y transformación de un mito: *La nieta de Fedra*, drama de *Halma Angélico.*' En: *Estreno* 20.2: 18-44.
    1997   'Mito e historia: Tres dramas de escritoras españolas en el exilio.' En: *Hispanística XX,* 15: 123-131.
    1998   'Los mitos literarios en el teatro de las autoras españolas contemporáneas: Una aproximación panorámica.' En: Blesa 1998: 267-273.

Paco Serrano, Diana M. de
    2003   *La tragedia de Agamenón en el teatro español del siglo XX.* Murcia: Universidad de Murcia.

Paulino, José
    1994   'Ulises en el teatro español contemporáneo. Una revisión panorámica.' En: *Anales de la Literatura Española Contemporánea/Annals of Contemporary Spanish Literature* 19.3: 327-342.

Pérez Galdós, Benito
    1963   *Casandra.* [1ª ed. 1905]. En: *Obras completas*, vol. VI. Madrid: Aguilar.

Ragué-Arias, María-José
    [1992]   *Lo que fue Troya. Los mitos griegos en el Teatro Español Actual.* Madrid: Asociación de Autores de Teatro.
    1996   *El teatro de fin de milenio en España (De 1975 hasta hoy).* Barcelona: Ariel.

Serrano, Virtudes
    1991   *El teatro de Domingo Miras.* Murcia: Universidad de Murcia.

Vilches de Frutos, Mª Francisca
    1983   'Introducción al estudio de la recreación de los mitos literarios en el teatro de la posguerra española.' En: *Segismundo* 37-38: 183-209.
    2002   'La regeneración social a través de los mitos: Circe en la escena española contemporánea.' En: *Estreno* 28.1: 5-7.
    2003   'Identidad y mito en el teatro español contemporáneo.' En: Hartwig y Pörtl 2003: 11-24.

Wilfried Floeck
Justus-Liebig-Universität Giessen

MITO E IDENTIDAD FEMENINA. LOS CAMBIOS DE LA IMAGEN DE PENÉLOPE EN EL TEATRO ESPAÑOL DEL SIGLO XX

En la segunda mitad del siglo XX los mitos masculinos tradicionales parecen haber perdido importancia frente a los mitos femeninos. Esta tendencia puede observarse también en la plasmación dramática del mito de Ulises y Penélope en el teatro español del siglo pasado, que se analiza en el presente artículo. Frente a la desmitificación de Ulises podemos observar en el personaje de Penélope una recodificación del modelo tradicional de la mujer que conduce a la reafirmación tanto del poder exterior como de la fuerza interior de la heroína femenina.

La función de los mitos en la construcción de la identidad humana es sobradamente conocida y está también ampliamente analizada en el campo del teatro español (Ragué-Arias 1988a, 1988b, 1992; Nieva de la Paz 1998; Hartwig y Pörtl 2003; Paco Serrano 2003). Los mitos ofrecen paradigmas significativos del comportamiento humano y crean arquetipos de caracteres ejemplares que ilustran dicho comportamiento y al mismo tiempo establecen modelos a seguir. Como el origen de nuestra cultura radica en la Antigüedad greco-latina, no es sorprendente que los modelos de la mitología antigua hayan inspirado nuevas configuraciones mitológicas en el arte y la literatura occidentales. Además, el mundo occidental cristiano ha creado nuevos mitos, que han adquirido un significado similar en lo concerniente a la definición de la identidad humana, como lo ilustran las figuras de Fausto o de Don Juan. Al mismo tiempo, la configuración del mito en el arte y la literatura ha pasado a lo largo del tiempo de una afirmación a una revisión crítica. Ésta ha afectado también al teatro español desde los tiempos de la vanguardia histórica y mucho más intensamente desde la segunda mitad del siglo XX. (Paco Serrano 2003: 9 y ss.) La ironía y la parodia son las técnicas estéticas esenciales que determinan la configuración crítica del mito. La nueva interpretación de los mitos sigue la contextualización social y cultural correspondiente. En las últimas décadas el mito sirvió también para la recodificación de la identidad de los sexos y de la mutua relación entre ellos. (Vilches de Frutos 2003)

En España es sobre todo el moderno mito de Don Juan, creado por Tirso de Molina en el siglo XVII, el que ha representado a lo largo del tiempo el ideal masculino y también ha arrojado una luz significativa sobre la imagen de la mujer en una sociedad patriarcal. Mientras que durante la época de la Contrarreforma prevaleció la condena de Don Juan, la idealización de la virilidad, el valor y la agresividad masculina alcanzó su punto álgido en el Romanticismo. Con la creación de la novicia Doña Inés José Zorrilla logró, al mismo tiempo, un ideal de mujer que no degradaba a ésta a la categoría de un mero objeto de deseo, sino que le atribuía el papel –sin embargo, igualmente ambiguo– de la esposa amante, que arriesgaba, en su amor profundo, su propia salvación por la de su marido. La actividad masculina y la pasividad femenina, la implicación del hombre en los avatares del mundo y la abnegación de la mujer son diferenciaciones que establecieron un modelo de identidad específica de los sexos hasta más allá del siglo XIX. A partir del siglo XX se realiza cada vez más la desmitificación del ideal de masculinidad donjuanesco, parodiado y deformado en numerosas ocasiones.

En el ámbito de la mitología griega ha gozado de gran predicamento en el teatro español del siglo XX el mito de Ulises. (García Romero 1999; Vilches de Frutos 2003) La pareja homérica ideal de Ulises y Penélope suministró el material necesario para la construcción de las identidades masculina y femenina. Con el mito romántico de Don Juan el homérico de Ulises tenía en común, por un lado, la actividad e implicación en el mundo masculinas, así como, por el otro, la pasividad y fidelidad femeninas.[1] A lo más tardar desde Calderón se había impuesto en España la tradición homérica idealizada en su versión cristiana, que veía en Ulises al héroe ideal, que –si bien sucumbe pecaminosamente a las tentaciones del mundo, encarnadas en la hechicera Circe– al final se libera de las ligaduras terrenales y recorre con decisión el camino que le ha sido marcado. (Martínez Torrón 1983) Al mismo tiempo, Penélope se convierte en la encarnación de la esposa fiel y sacrificada, que durante veinte años espera sin el menor asomo de duda el retorno del heroico esposo, rechazando todos los intentos de aproximación de sus numerosos pretendientes.

¿Cabe todavía este modelo de identidad masculina y femenina en las postrimerías del siglo XX? Sobre todo, ¿responde todavía el modelo de identidad de la mujer fiel –que emplea los mejores años de su vida esperando sacrificadamente la vuelta de su marido de su itinerante periplo– a los puntos de vista de la mujer moderna, que ya no se considera como mero apéndice del hombre? En principio es ya sorprendente que, en España, en el período comprendido entre el final de la Guerra Civil y los últimos años del siglo XX surgieran diez dramas en los que el mito en torno a Ulises y Penélope se halla más o menos en el centro de la representación dramática. De los respectivos autores, ocho son hombres y dos mujeres (Torrente Ballester [1946] 1982; Buero Vallejo [1952] 1992; Monzó 1958; Morales [1965] 1969; Miras [1971] 1995; Ubillos 1973; Carmen Resino [1973] 2001; Gala [1975] 1984; Tomeo 1995; Itziar Pascual [1997] 1998).[2] A continuación pasaré a analizar los modelos de identidad que se hallan en la base de algunas de estas piezas, si bien dedicaré a Penélope (Mactoux 1975) una atención especial. Antes, sin embargo, quisiera anticipar algunas observaciones que permitan llevar a cabo una caracterización global de las piezas bajo la perspectiva de la temática de la identidad.

De los diez dramas citados, tres de ellos –los de Torrente Ballester, Buero Vallejo y Miras– se ciñen estrechamente a la fábula homérica y respetan tanto la ubicación espacial en la griega Ítaca como la nomenclatura homérica. También el drama de Gala se sitúa en un contexto griego, pero, al mismo tiempo, actualiza la acción. Monzó y Resino traspasan la acción dramática por completo a la actualidad y transforman el argumento antiguo en un psicodrama burgués, si bien la estructura de la acción y el arsenal de personajes son elegidos de tal forma que la relación con la temática homérica es claramente reconocible. Pascual se limita exclusivamente al personaje de Penélope, aunque sitúa al lado de la figura homérica a dos sucesoras actuales, para demostrar así la intemporalidad del motivo de la mujer que espera al hombre que la ha abandonado. El drama lírico de Tomeo no trata el mito de Ulises, sino que hace que diez conocidos personajes femeninos de la mitología griega lamenten su suerte como víctimas de un orden social patriarcal y guerrero. Penélope sale a escena en tres ocasiones para narrar su trayectoria vital. Morales y Ubillos se han apartado tanto en sus dramas de la temática de Ulises y Penélope que su relación con el argumento homérico es apenas reconocible.

Todos estos textos ofrecen una revisión crítica de la tradición mitológica, que se manifiesta en primera línea en una desmitificación de ambos protagonistas. La desconstrucción del héroe, Ulises, resulta por lo general en una clara desvalorización, mientras que la figura de Penélope –con dos excepciones– es revalorizada. La configuración de los mitos de Ulises y Penélope viene a confirmar el ya conocido resultado del análisis del mito del Don Juan; es decir, que la segunda mitad del pasado siglo no es precisamente una época de auge de los llamados valores masculinos. La identidad masculina se relaciona permanentemente con términos tales como agresividad, odio, venganza y atracción sexual; mientras que a la identidad femenina se le asocian por lo general otros, como pacifismo, mansedumbre, fidelidad y sentido familiar. Los dramas pueden leerse casi sin excepción como piezas antibélicas y contra la dictadura, si bien durante la posguerra las consecuencias de la Guerra Civil y de la dictadura franquista determinan el marco político, mientras que en los años setenta y ochenta la añoranza hacia el logro de las libertades políticas y personales, y en los noventa la crítica del aumento de la violencia tanto en el ámbito de la política internacional como en el de las relaciones interpersonales de carácter privado en el marco de las grandes ciudades modernas, conforman el contexto social. (Ragué-Arias 1998a y 1998b) Donde con más claridad se desarrolla la búsqueda de una nueva y específica forma de identidad femenina es en Itziar Pascual. Además, es común a todas estas piezas una secularización del mito. Los héroes mitológicos modernos están abandonados a su suerte; viven en un mundo sin apoyo divino. (Díez del Corral 1974)

Como es bien sabido, Antonio Buero Vallejo fue uno de los primeros dramaturgos españoles de la posguerra que aplicó como estrategia consciente la recreación revisionista de temas mitológicos e históricos con el fin de realizar una crítica del presente. En el ámbito de la temática de Ulises y Penélope hay ya indicios reconocibles en este sentido en el drama de Gonzalo

Torrente Ballester *El retorno de Ulises*, de 1946. La pieza se sitúa temporalmente en el período inmediatamente anterior y durante el retorno de Ulises después de los diez años de la guerra de Troya y los otros diez de su periplo itinerante por el Mediterráneo. Durante su larga ausencia toda Ítaca ha contribuido a elevarlo a la categoría de héroe y a caracterizarlo como encarnación del espíritu de lucha masculino. La misma Penélope ha plasmado para la eternidad el retrato del héroe en el tejido que ha hilado; pero el propio Ulises, tras la vuelta de su viaje, no se reconoce en ese retrato. El autor tuvo la original idea de hacer que el mismo Ulises desconstruyera su propio cliché heroico y de que reconociera ante su mencionado retrato: "Nunca soñé con ser así, ni me hubiera apetecido. ¡Qué falta de mesura! Es un retrato heroico y el heroísmo no es mi clima." (Torrente Ballester 1982:157)

En el transcurso de la acción se hace patente que Penélope era consciente de lo poco heroico del carácter de su esposo, pero que se había dejado contagiar y acaparar por el delirio de su entorno. Tras el retorno de Ulises y la primera noche compartida su desilusión es grande; pero poco a poco va reconociendo que en realidad no ama al héroe guerrero, sino al hombre, con todas sus virtudes y debilidades. Al final ambos deciden marcharse de Ítaca, para escapar del culto público y poder lograr la felicidad personal. Con su recreación del mito, Torrente Ballester logra un simpático desmantelamiento irónico-crítico del culto al héroe público, impuesto a ambos protagonistas contra sus propias convicciones y del que al final se distancian conscientemente. La desmitificación de las figuras mitológicas conduce en ambos casos a una humanización de su persona, si bien todo su entorno se mantiene aferrado a la opinión consagrada del cliché del héroe.

En su drama *La tejedora de sueños*, de 1952, Antonio Buero Vallejo es más duro en su juicio contra Ulises, y configura a Penélope por primera vez como una rebelde contra los delirios bélicos masculinos y sus pretensiones de poder, aunque su protagonista exteriormente juega el papel de la mujer sumisa. En realidad, Penélope hace tiempo que ha roto interiormente con su esposo. Si no puede decidirse a aceptar a uno de sus pretendientes, no es por fidelidad a Ulises, sino porque quiere conservar su libertad y al mismo tiempo –rechazando a sus pretendientes– quiere vengarse de todos los hombres y del culto masculino a la guerra. Cuando Ulises regresa, sigue desempeñando hacia afuera el papel de mujer fiel y sumisa; pero en una conversación privada con su esposo realiza un ajuste de cuentas con él sin piedad, lo hace responsable de la guerra, la muerte y el odio, y le acusa al mismo tiempo de celos infundados y de falta de confianza en su fidelidad conyugal. Cuando Ulises replica que las guerras son inevitables, ella le responde:

> ¿Ah, no podéis? Vosotros las hacéis para que nosotros suframos las consecuencias. Nosotras queremos paz, esposo, hijo..., y vosotros nos dais guerras, nos dais el peligro de la infidelidad, convertís a nuestros hijos en nuestros asesinos. (Buero Vallejo 1994:178)

Con el desmantelamiento negativo del héroe guerrero Ulises y de la rebelión interna y la revalorización moral de Penélope, Buero Vallejo mostró el camino que habrían de seguir la mayor parte de sus sucesores.

Domingo Miras le dedicó a Buero Vallejo su drama de 1971 *Penélope*. Prosiguió el proceso de desvalorización de Ulises y revalorización de Penélope de manera consecuente y radicalizó la pieza de Buero hasta convertirla un una obra de tesis ideológica, en la que los órdenes sociales patriarcal y matriarcal se presentan como polos irreconciliables. Como la protagonista de Buero, también Penélope se rebela contra el héroe marcial Ulises, luchando contra él al mismo tiempo por ser éste representante de un orden patriarcal en el que la mujer es degradada a la categoría de botín del guerrero. Ve en Ulises la encarnación de un sistema social marcado por el dominio masculino, la guerra, la violencia sexual y la esclavización de la mujer. Sueña con nostalgia con las pasadas épocas del matriarcado, en las que la vida habría estado determinada por la paz, la libertad y la felicidad. Se considera feliz mientras que puede dar largas a sus pretendientes, y se sabe libre de ser nuevamente esclavizada en tanto que no tiene que decidirse por uno de ellos. Para la Penélope de Miras la monogamia es el primer paso en la esclavización de la mujer. En conversación con el ama de Ulises sueña, no sin una cierta ingenuidad, con un futuro próximo en el que los pretendientes ya no pululen a su alrededor, sino que, añade:

> Yo seré su deidad, su madre venerada, y la esposa sagrada a la que no se toca... su numen y su guía... Cuando ese tiempo llegue, acabaré mi tela y dejaré en reposo la vieja lanzadera. Y en el altar del patio volverá a estar la efigie de la divina Tierra. (Miras 1995: 137)

Cuando Ulises, contra todo pronóstico, regresa, se niega a reconocerlo. El baño de sangre que el forastero lleva a cabo entre sus pretendientes le confirma sus peores temores. Para Penélope, Ulises no encarna otra cosa que guerra y violencia. Obviamente al final –al menos de puertas para fuera– el hombre puede celebrar la victoria frente a la mujer. Tras el asesinato de los pretendientes Ulises volverá a reinar sobre Ítaca, mientras que Penélope –con enfado– se retira a sus aposentos. El patriarcado volverá a imponerse sobre el matriarcado. También la Penélope de Buero Vallejo había polemizado sobre la violencia masculina; pero destaca también la responsabilidad de Helena en el estallido de la guerra de Troya. Sin embargo, en el caso de Miras la discusión en torno a la guerra y la paz, así como sobre el mundo de lo masculino y lo femenino, cae en un maniqueísmo en el que el principio de lo masculino se identifica con el mal y el de lo femenino con el bien.

En la tradición de las heroínas antibelicistas de Torrente Ballester, Buero Vallejo y Miras se halla también la Penélope de la pieza poética de Javier Tomeo *Los bosques de Nyx*, de 1995, en la que llega un mensajero a los bosques de Nyx, personificación de la noche y de la muerte, para buscar a las sombras muertas de doce mujeres de la mitología griega y pedirles que –desde el recuerdo de sus propias historias– lo apoyen en su lucha contra las guerras contemporáneas. Penélope, que se halla aquí plenamente inserta en la tradición de la esposa fiel y sacrificada, cuenta la historia de su vida y –junto con el coro de las restantes mujeres– dirige sus quejas y acusaciones contra la guerra y quienes son responsables de ella, ya que –como observa la propia Penélope– :

> Sea cual fuese el bando en que se luche,
> las guerras son siempre
> negocios de unos pocos
> y engendran más bandidos que víctimas. (Tomeo 1995: 38)

Tomeo se esfuerza por suavizar las impresionantes quejas de sus personajes femeninos mediante una dosis de ironía y humor, evitando al mismo tiempo cualquier tesis de confrontación entre identidad masculina y femenina.

Ya en los años cincuenta Salvador S. Monzó había transformado el tema de Ulises y Penélope en un psicodrama pequeño-burgués sobre el abismo existente entre ilusión y realidad, pretensión y satisfacción, heroísmo y fracaso, en el que la fiel María (Penélope) cae víctima de la frustración de un héroe de guerra fracasado. Juan (Ulises), que hace siete años que se ha marchado a la guerra para dar pruebas de su carácter heroico, termina en un campo de concentración, donde pasa años difíciles, antes de ser enviado a casa después de varios meses de enfermedad. El frustrado héroe ya no se entiende con el entorno de su familia, fatalmente marcada por los acontecimientos, se consume en complejos de culpabilidad y escenas de celos y no encuentra acceso a su mujer, a la que sustituye por un ideal de mujer imaginario y a la que, al final, asesina en un ataque de locura por no corresponderse con su ideal de esposa. María, que se perfila plenamente como la Penélope fiel y entregada que ama a su marido a pesar de, o precisamente por, su carácter antiheroico, se ve abocada a la muerte por no responder a los ideales masculinos. También en la pieza de Monzó el personaje de Penélope resulta víctima inocente de los deseos e ideales ajenos a la realidad de un héroe masculino fracasado, que termina sin embargo en un manicomio.

Carmen Resino es la primera autora contemporánea que ha escrito una obra de creación sobre el tema de Ulises y Penélope. Su pieza *Ulises no vuelve*, de 1973, es con diferencia el más pesimista de los dramas tratados. Como Monzó, también Resino ha trasladado el asunto a un ambiente burgués contemporáneo; pero ha conservado la nomenclatura homérica, aunque modernizándola ligeramente (Pen, Tel). Es quien ha consumado de manera más radical la desmitificación de los personajes. Interesante es sobre todo el hecho de que la autora relacione la desmitificación de ambos protagonistas con una desvalorización total de éstos. La Penélope de Resino apenas le va a su marido a la zaga en mediocridad y oportunismo. Pen vive con su hijo Tel y su suegro en una casa en la que todo está dedicado a recordar al 'héroe' Ulises, soldado desaparecido en la guerra. Pen hace tiempo que se ha resignado, y es consciente de que su vida está malempleada en una espera vana. En el segundo cuadro el lector se entera del motivo real de su resignación: Ulises no se halla en paradero desconocido, sino que vive escondido ya desde hace años en el primer piso de la casa. Ya al comienzo de la guerra el miedo le impulsó a huir y a ocultarse en su casa como desertor. Ulises no es ningún héroe, sino un fracasado, un cobarde, que ya ni siquiera es tomado en serio por su propia mujer, ni mucho menos amado. Cuando la situación escala a nivel de crisis debido a un fuerte enfrentamiento entre madre e hijo, Ulises abandona su escondrijo. Al final los padres y el abuelo se conforman con la realidad existente y su propia mediocridad. Sólo el hijo se aparta con repugnancia de su familia. Su reacción queda abierta. Probablemente va a enrolarse en la nueva guerra que acaba de estallar, y de este modo volverá a iniciarse el ciclo de heroísmo, ilusión, desilusión, frustración, mentira y oportunismo. Sólo en la pieza de Antonio Gala *¿Por qué corres Ulises?*, de 1984, se lleva tan lejos la degradación de ambos héroes, si bien Gala destruye la desconstrucción consecuente de sus personajes introduciendo reiteradamente chascarrillos, chistes verdes, diálogos ligeros y un final feliz artificial y poco convincente.

Itziar Pascual, en su pieza *Las voces de Penélope*, de 1997, se ha concentrado por completo en la protagonista femenina. Su drama gira sobre todo en torno a la búsqueda de la identidad femenina. El asunto propiamente dicho es la espera de la mujer abandonada por el hombre, su reacción ante la soledad y su transformación durante el largo período de espera angustiosa. La autora pone en escena tres versiones de Penélope: la esposa histórica de Ulises y dos sucesoras modernas. Común a todas ellas es el destino de abandono, soledad y espera. La Penélope histórica desempeña su papel de esposa fiel en espera del marido con dolor, pero con dignidad. Acepta la distribución tradicional de papeles entre el conquistador activo ("Tu sed es ahora la de la conquista", Pascual 1998: 107) y el ama de casa pasiva que aguarda ("Yo quedo al cargo de lo que aquí dejas: tu palacio, tus reses, nuestro hijo", ibídem). De manera similar se comporta el personaje de la MUJER QUE ESPERA, que sufre en silencio y es presentada como "comprensiva, tolerante y amable". (Ibídem: 109) El caso opuesto parece ser la temperamental LA AMIGA DE PENÉLOPE, que reacciona con incomprensión y enojo ante la actitud de víctima de la amiga abandonada, aunque ella misma se sume en la desesperación cuando es dejada por su pareja. Tristeza, melancolía y desesperación marcan el comportamiento de las tres mujeres abandonadas. Para evadirse de la soledad, la Penélope histórica se dedica en cuerpo y alma a su rueca; las dos Penélopes modernas tratan de ahogar su desesperación con la bebida, el consumo de aspirinas, de videos de películas de Hollywood o a través del consumismo desaforado. Pero paulatinamente se va iniciando un cambio; de manera casi inapreciable se produce una separación interna de sus parejas y una reconciliación consigo mismas, con la propia identidad. Los largos años de espera les permiten encontrarse a sí mismas, las hacen fuertes, transforman su inseguridad en autoconfianza. Aprenden a no definirse ya a través del hombre, sino de sí mismas. Cada una sigue su propio camino, que en el caso de todas ellas conduce a la aceptación de su propia identidad. Incluso cuando –como en el caso de LA AMIGA DE PENÉLOPE– no pierden del todo su inseguridad, aprenden a vivir con ella. Su solución no es rebelarse, ni pasar a ejercer el poder, sino la superación de su fijación hacia el hombre, la independencia y la fuerza interior. Al cabo de muchos años las tres mujeres se encuentran para relatar la historia del encuentro consigo mismas. Al final de un largo camino ya no conciben la espera como típico destino negativo de la mujer, sino como posibilidad de reafirmarse en su propia identidad. La Penélope histórica es quien lo formula con mayor claridad, al decir:

> Aprendí a esperar, pero no como ellos creen. La espera es una forma de resistencia. Es un acto silencioso de reafirmación. En lo que somos, en lo que sentimos, en lo que esperamos. El tiempo no es un enemigo; es un compañero de viaje. (Pascual 1998: 133)

La representación del mito de Ulises y Penélope en el teatro español de la segunda mitad del siglo XX ha conducido en todos los casos a un resultado relativamente homogéneo. La recreación del mito ha supuesto en todos los casos una desmitificación negativa de los personajes heroicos masculinos y –con pocas excepciones– una recodificación del modelo tradicional de la mujer fiel, que en las tramas modernas se separa interiormente de su esposo. Hasta entrados los años setenta se halla en su primer plano el análisis crítico del ideal del héroe guerrero, al que se contrapone el ideal femenino del amor y la preservación de la paz. En los años noventa el acento se desplaza más –sobre todo en Itziar Pascual– hacia el problema de la búsqueda de la propia identidad femenina, si bien la moderna Penélope encuentra su propia identidad y reafirmación no en el poder y reconocimiento externos, sino en su fuerza interior. La desesperación provocada por la soledad y los largos años de espera parecen haberle dado la fuerza necesaria para desprenderse de Ulises y de su ideal masculino de agresividad guerrera y contraponerles su propia identidad, que se define por la seguridad en sí misma. Este es también el caso del texto lírico *El llanto de Penélope* de Ana María Romero Yebra, del año 1998, en el que Penélope lamenta su destino en 16 estrofas, para reconocer definitivamente en la *Lágrima 16* tras el retorno de su esposo, que el tiempo de la espera ha hecho de ella otra mujer, que ya no concuerda con el concepto que Ulises tiene de ella:

> Mas no vas a imponerme tus razones.
> Ya soy otra Penélope y advierto
> Que me ha fortalecido vivir sola. (Romero Yebra 1998: 52)

Lo que resulta inherente al personaje de Penélope es su espera sacrificada, su pasividad; incluso su rebelión tiene por lo general un carácter interno; su fuerza no proviene de un poder externo, sino que viene de dentro. Hemos visto que el siglo XX había sido el siglo en el que se pusieron en tela de juicio los mitos masculinos tradicionales: el seductor de mujeres Don Juan tiene que renunciar a su cetro de la misma manera que el héroe guerrero Ulises. Por el contrario, el siglo XXI –si todos los indicios no engañan– será más bien el siglo de la mujer. La cuestión es simplemente si la mujer del siglo actual se dará por satisfecha con el papel pasivo de Doña Inés y Penélope o si más probablemente no tomará como modelos personajes más ofensivos y activos.

La mitología griega tiene también en este sentido a disposición modelos suficientes. El propio Homero creó en el entorno de la saga de Ulises un personaje femenino que en nuestro siglo podría experimentar en renacimiento: la gran hechicera Circe (Vilches de Frutos 2002), que con sus poderes sobrenaturales y sus artes de seducción femenina podría convertirse en el Don Juan femenino del siglo XXI. La Circe de los hermosos rizos ya no tiene nada en común con la paciente y tímida Penélope. Es ella misma quien toma la iniciativa y se reafirma en el acto de seducción de los hombres y a raíz del poder que ejerce sobre éstos, convirtiéndolos a voluntad en leones, lobos o cerdos. Ulises sólo logra resistir a su hechizo gracias a la ayuda del mensajero de los dioses, Hermes; pero sucumbe durante un año a sus hechizos amorosos, antes de que sus compañeros logren arrancarlo de los brazos de la diosa. Hay indicios que apuntan a que Circe como mito podría disputarle a la pasiva Penélope el puesto que ésta ocupa. En el drama de Ulises de Salvador S. Monzó el Ulises que retorna al hogar se inventa –como ya hemos visto– a su propia mujer ideal, lo que finalmente conduce a la muerte violenta de la auténtica Penélope. El hijo de Ulises ve en esta ensoñación a la Circe del nuevo Ulises, "una maga terrible que ha podido con Penélope". (Monzó 1958:124) ¿Puede ya esto ser considerado como augurio de un cambio de paradigma en el escalafón de los modelos mitológicos femeninos? Sobre todo entre las autoras femeninas parece aumentar la popularidad de Circe. Ya Carlota O'Neill –recientemente redescubierta sobre todo por la crítica feminista– (Nieva de la Paz 1993) había escrito en 1974 en el exilio mexicano el drama *Circe y los cerdos*, en el que recreaba el mito de la diosa seductora, poniendo en primer plano sus encantos sensuales, sus gestos imperiosos y su voluntad de poder. Pero Circe como modelo de identidad femenino en el teatro español contemporáneo es el tema de otra colaboración de este volumen.

NOTAS

1. Sobre el mito de Ulises y Penélope en el teatro español del siglo véanse, sobre todo Lamartina-Lens 1986; Harris 1989; Ragué-Arias 1989, 1992; Paulino 1994; García Romero 1997, 1999; Paco Serrano 2002.
2. La distribución específica por sexos de los autores corresponde aproximadamente a la distribución habitual entre los dramaturgos del siglo XX. El porcentaje femenino entre los dramaturgos españoles era hasta finales de los años 70 mínimo y sólo empieza a aumentar paulatinamente en los años 80 (Floeck 2003: 123-143). Esto vale también en general para los dramas con motivo mitológico. Según Ragué-Arias (1992:123), de los aproximadamente 100 dramas mitológicos analizados por ella entre 1900 y 1992, anteriores a 1980 sólo tres proceden de autoras femeninas; el porcentaje de autoras crece rápidamente con posterioridad a esta fecha.

Agradezco la traducción a Ana I. Frank.

BIBLIOGRAFÍA

AA.VV.
    1998   *Marqués de Bradomín. Concurso de Textos Teatrales para Jóvenes Autores.* Madrid: Instituto de la Juventud.

Blesa, Túa (ed.)
    1998   *Mitos. VII Congreso Internacional de la Asociación Española de Semiótica.* 3 vols. Zaragoza: Universidad.

Buero Vallejo, Antonio
    1994   *Obra completa.* Ed. de Luis Iglesias Feijoo y Mariano de Paco, vol. I: *Teatro.* Madrid: Espasa Calpe.

Díez del Corral, Luis
    1974   *La función del mito clásico en la literatura contemporánea.* 2ª ed. Madrid: Gredos.

Floeck, Wilfried
    2003   *Estudios críticos sobre el teatro español del siglo XX.* Ed. de Hartmut Stenzel y Herbert Fritz. Tubinga: Francke.

Gala, Antonio
    1984   *¿Por qué corres, Ulises?* Madrid: Presión.

García Romero, Fernando
    1997   'Sobre *Penélope* de Domingo Miras.' En: *EPOS. Revista de Filología de la UNED* 13: 55-75.

García Romero, Fernando
    1999   'El mito de Ulises en el teatro español del siglo XX.' En: *Cuadernos de Filología Clásica. Estudios Griegos e Indoeuropeos* 9: 281-303.

Harris, Carolyn J.
    1988   'La desmitificación de Penélope en *La tejedora de sueños, ¿Por qué corres Ulises?* y *Ulises no vuelve.*' En: Martín 1988: 81-91.

Hartwig, Susanne y Klaus Pörtl (eds.)
    2003   *Identidad en el teatro español e hispanoamericano contemporáneo.* Frankfurt am Main: Valentia.

Lamartina-Lens, Iride
    1986   'Myth of Penélope and Ulises in *La tejedora de sueños, ¿Por qué corres Ulises?,* and *Ulises no vuelve.*' En: *Estreno,* 12.2 : 31-34.

Mactoux, Marie-Madeleine
    1975   *Pénélope, légende et mythe.* París: Les Belles Lettres.

Martín, Gregorio C. (ed.)
    1988   *Pennsylvania foreign language conference: selected papers.* Pitsburgo: Duquesne University.

Martínez Torrón, Diego
    1983   'El mito de Circe y *Los encantos de la culpa.*' En: *Calderón. Actas del Congreso Internacional sobre Calderón y el teatro español del Siglo de Oro,* vol. II. Madrid: CSIC.: 701-718.

Miras, Domingo
    1997   *Teatro mitológico.* Ciudad Real: Diputación.

Monzó, Salvador S.
    1958   *Ulises o el retorno equivocado.* Valencia: Diputación Provincial.

Morales, José Ricardo
    1969   *Burlilla de Don Berrendo, Doña Caracolines y su amante. Pequeñas causas. Prohibida la reproducción, La odisea. Hay una nube en su futuro. Oficio de tinieblas.* Madrid: Taurus.

Nieva de la Paz, Pilar
    1993   *Autoras dramáticas españolas entre 1918 y 1936. Texto y* representación. Madrid: CSIC.
    1997   'Mito e historia: tres dramas de escritoras españolas en el exilio.' En: *Hispanística* XX, 15: 123-131.
    1998   'Los mitos literarios en el teatro de las autoras españolas contemporáneas: una aproximación panorámica.' En: Blesa 1998, vol. III: 267-273.

O'Neill, Carlota
    1997   *Circe y los cerdos. Como fue España encadenada. Los que no pudieron huir.* Ed. Juan Hormigón. Madrid: Publicaciones de la Asociación de Directores de Escena.

Paco Serrano, Diana M. de
    2002   'Clitemnestra, Penélope y Fedra: heroínas clásicas en el teatro de Domingo Miras.' En: *Estreno* 28.1: 31-37.
    2003   *La tragedia de Agamenón en el teatro español del siglo XX.* Murcia: Universidad de Murcia.

Pascual, Itziar
    1998   '*Las voces de Penélope.*' En: AA.VV. 1998: 101-135.

Paulino, José
    1994   'Ulises en el teatro español contemporáneo: una revisión panorámica.' En: *Anales de la Literatura Española Contemporánea/ Annals of Contemporary Spanish Literature* 19: 327-342.

Ragué-Arias, María-José
    1989   'Penélope, Agave y Fedra, personajes femeninos griegos, en el teatro de Carmen Resino y Lourdes Ortiz.' En: *Estreno* 15.1: 23-24.
    1992   *Lo que fue Troya. Los mitos griegos en el teatro español actual.* Madrid: Asociación de Autores de Teatro.
    1998a   'El mito en la joven generación teatral de los 90: una huida imposible de un mundo de sangre, soledad y muerte.' En: *Estreno* 24.1: 45-46 y 49.
    1998b   'Presente y pasado de una dramaturgia española basada en los mitos de la tragedia griega.' En: *Teatro Antzerki* 10: 20-23.

Resino, Carmen
    2001   *Teatro diverso (1973-1992).* Ed. de Virtudes Serrano. Cádiz: Universidad de Cádiz.

Romero Yebra, Ana María
    1998   *El llanto de Penélope.* Madrid: Torremozas.

Tomeo, Javier
    1995   *Los bosques de Nyx.* Zaragoza: Xordica.

Torrente Ballester, Gonzalo
    1982   *Teatro 2.* Madrid: Destino Libro.

Ubillos, Germán
    1973   *El llanto de Ulises.* Madrid: Escelicer.

Vilches de Frutos, Mª Francisca
    2002   'La regeneración social a través de los mitos: Circe en la escena española contemporánea.' En: *Estreno* 28.1: 5-7.
    2003   'Identidad y mito en el teatro español contemporáneo'. En: Hartwig y Pörtl 2003: 11-24.

Anita L. Johnson
Colgate University

LA RECREACIÓN DEL MITO EN EL TEATRO DE ALFONSO SASTRE: INVERSIÓN E INTERTEXTUALIDAD EN *EL VIAJE INFINITO DE SANCHO PANZA*

Alfonso Sastre ha aportado al teatro español contemporáneo nuevas lecturas del mito –tanto de las figuras culturales o históricas de estatura mítica en la literatura universal como de las tragedias clásicas– que emparejan con la temática y las tendencias actuales. De hecho, el incorporar distintas estrategias narrativas o experimentales en sus tragedias complejas basadas en los mitos prueba que cuando se da la colisión del texto con nuevas experiencias estéticas, políticas e intelectuales, los clásicos vuelven a vivir. En el presente ensayo se discutirá en qué modo su recreación e inversión del mito de Don Quijote y Sancho Panza logran revivir a estos personajes para reflejar una problemática que acusa explícitamente la realidad de hoy.

El 'mito' es una compleja realidad cultural que se expresa en toda una gama de estilos, tonos, temas e interpretaciones. Engendrados por el subconciente y elaborados por la imaginación humana, los mitos nos explican nuestras costumbres, justifican un orden establecido y revelan verdades fundamentales sobre la composición y la evolución de la sociedad humana. En el siglo XX los mitos clásicos nos llegaron en abundancia a través de nuevas lecturas y recreaciones de las tragedias helénicas. Además de éstas, hay que incluir los mitos procedentes de otras sociedades o culturas creadas a partir de obras o figuras de la literatura que han dejado huella en la cultura universal. Al referirse a la proliferación de los mitos en nuestros días, Oliver Taplin, director del Archivo de Representaciones del Drama Greco-Romano de la Universidad de Oxford afirma:

> This adult recourse to myth may well have increased in the twentieth century, even though it has seen modernism rejecting the past, including the classical past, in order to build anew. Not so with the Greek myth, that has perhaps been a more significant ingredient in the creative cauldron since 1900 than at any other time since the first century B.C. [Este valerse del mito por el adulto podría haber aumentado en el siglo veinte, a pesar de que se ha visto el rechazo del pasado del Modernismo, incluyendo el pasado clásico, para crear de nuevo. No ha sido así con el mito griego que habrá sido un ingrediente más significativo en la caldera creativa desde 1900 que en cualquier época desde el primer siglo A.C.] (Taplin 1989: 93)

En la España posfranquista, sobre todo, a partir de los 80, se constata el retorno paulatino al mundo clásico que se manifiesta en un número significativo de textos basados en los mitos así como en los temas clásicos. En estas obras la dialéctica entre el presente histórico y el pasado mítico-literario asume un papel cada vez más significativo. Tanto numerosos escritores de la posguerra como muchos de los nuevos que emergen en la época democrática se valen de los mitos para evaluar y poner en tela de juicio la realidad contemporánea. Como fenómeno cultural, se trata de una gran variedad de textos cuyo enfoque central se caracteriza, en su mayoría, no sólo por el interés en el ámbito socio-político sino en la preocupación por la vida privada. En ellos se aboga por la reivindicación de la libertad individual al adaptar, recrear o metamorfosear la forma o el sentido del mito original.

En este ensayo se abordará principalmente el empleo del mito literario en el teatro de Alfonso Sastre para demostrar qué función cumple dentro del universo tanto estético como ideológico de una de sus 'tragedias complejas'. En este caso es *Don Quijote de la Mancha,* obra maestra de Miguel de Cervantes, un célebre ejemplo de mito de la Literatura española en el que se inspiró para crear *El viaje infinito de Sancho Panza*.

Bajo la democracia, Sastre ha seguido experimentando con el mito en combinación con la tragedia, en particular, en su propia 'tragedia compleja'*,* y ha producido una variada serie de obras en las cuales la recreación y luego, la inversión de los mitos literarios es el procedimiento que sirve de fundamento de estas últimas 'tragedias complejas'.[1] Incluyen *La tragedia fantástica de la gitana Celestina* (1977-78), *El hijo único de Guillermo Tell* (1980), *Jenofa Juncal, la roja gitana del monte Jaizkibel* (1983-84), *El viaje infinito de Sancho Panza* (1983-84), *Demasiado tarde para Filoctetes (1989),* y *Revelaciones inesperadas de Moisés* (1988).[2] Mariano de Paco comenta el inusitado manejo del mito literario en el teatro último de Sastre y observa que: "Sastre invierte el mito en el que sustenta su texto para que el dramaturgo nos presente lo que pudo ser, la otra cara de lo que se nos ha venido transmitiendo." (Paco 1992: 57)

De entre todos estos nombres, el que acapararía tanta popularidad como Sherlock Holmes y su asistente, el Doctor Watson, sería Sancho Panza. Junto con don Quijote, forman una de las parejas más reconocidas y mitificadas de la literatura mundial. *El viaje infinito de Sancho Panza*, estrenada en la Expo de Sevilla de 92, constituye una atrevida inversión del mito sobre esta pareja de figuras literarias de la Literatura española. ¿Por qué será que Sastre recurre a la novela de Miguel de Cervantes? Si se acepta la noción de que un texto antiguo puede adquirir dimensiones míticas que le dan un 'locus' y símbolos que existen a través del tiempo, *Don Quijote de la Mancha* nos proporciona una continuidad de tipos humanos, emociones e ideas con los cuales cualquier público de hoy puede identificarse. Algo del indomable espíritu humano se vislumbra siempre en la novela y asegura que las variaciones de ella suelen ser fieles por la calidad emocional del impacto que producen en el lector.

Sastre se aprovecha del patrimonio literario español y el 'status' mítico que ocupa el texto cervantino para unir pasado, presente y futuro, poniendo el énfasis en el momento actual. Transmite su mensaje ideológico arropado en un discurso y una estética que unas veces le son familiares al espectador/lector de hoy y otras no. Termina el texto sastriano ofreciéndonos no la cara única del mito de Don Quijote, sino 'otra' –entre las muchas posibles– que se plasma en una insólita versión teatral. Al pasar por la pluma de Sastre, se convierte en un drama existencial. Igual que el protagonista de *Demasiado tarde para Filoctetes*.[3] Don Quijote y Sancho Panza emprenden su último viaje, 'el viaje infinito' que los llevará inevitablemente hacia la muerte cuando ya es demasiado tarde para otras aventuras. Sastre construye los emblemáticos personajes cervantinos como figuras dramáticas en una esencial dualidad que termina confundiendo la realidad teatral con la del texto original. Son a la vez los personajes del mito quijotesco y otros de muy distinta creación. Según el propio autor: "Estamos ante otro Don Quijote y otro Sancho Panza. Los mismos y, sin embargo, otros: ahí reside la calidad de nuestro experimento." (Sastre 1992: 73) Esta obra experimental comienza con la incorporación de varias escenas totalmente ficticias que se añaden a la trama de la fábula basada en la novela cervantina. Sugieren una mayor creatividad imaginativa, aproximándose a una fantasía teatral, o incluso, un romance carnavalesco en el cual todo se ve distorsionado o al revés. La deliberada manipulación de la novela de Cervantes para crear su propio texto parece coincidir con las tendencias literarias actuales que ya no reconocen la distinción entre los géneros y quieren destruir sus límites. (Todorov 1990:13) Aquí Sastre juega con una doble noción de 'genre' como una categoría discursiva codificada y como un recurso que él emplea para comunicar su mensaje contemporáneo que es, en el fondo, tan subversivo o más que el de Cervantes.[4] Igual que la obra de Cervantes, las tradicionales divisiones entre 'genres' se disuelven al combinarse con otros géneros. Todo se convierte en un discurso posmoderno un tanto caótico que da una mayor libertad de expresión. La afinidad de esta combinación genérica con la novela anticipa el empleo de nuevas estrategias narrativas que transforman el acto de narrar en un proceso consciente de dialogar con el discurso oficial y el público de hoy.[5] De este modo, Sastre se asemeja a Cervantes quien se adelantó al crear este tipo de estrategia en su obra maestra, *Don Quijote de la Mancha*.

En *El viaje infinito de Sancho Panza,* el narrador que aparece en la introducción plantea la voz autorial en el texto[6] y establece un marco en el tiempo presente desde el cual Sancho, el narrador, inicia el relato de sus aventuras. Se abre la acción con él a punto de suicidarse tras la muerte de su señor, y, al fracasar en el intento, es recluido en un manicomio de Ciudad Real. De entrada, se percibe un ambiente degradado, poblado por médicos siniestros y monjas agresivas, que le interrogan a Sancho sobre el origen de su supuesta locura. Con un tono amenazador, el doctor se dirige a Sancho pidiéndole su identidad y pueblo de origen. Al contestarle: "Sancho Panza... natural de Valedepeñas", el doctor se queda consternado y proclama con un humorismo irónico: "Así pues, Valdepeñas es el nombre de aquel lugar de la Mancha de cuyo nombre no quería acordarse el escritor... ¿Cómo se llama el escritor? *(Consulta unas notas.)* Murió en 1616...Miguel de Cerpontes." (Sastre 1994: 16) Sancho se queda perplejo y desorientado. El médico sigue: "Podría decirse, señor Sancho, este ciudadano loco (Alonso Quijano) es el origen de todas sus desventuras, la más terrible de las cuales es, sin duda, esta de verte encerrado como loco de atar en este, por otra parte, suntuoso manicomio." (Sastre 1994: 17) Sancho le contesta con una rotunda exclamación negativa: "¡Todo es mentira! Esta historia hay que contarla de nuevo o nadie sabrá nunca nada de lo que pasó en la realidad." (Ibídem) De ahí que Sancho comience a narrar la historia sobre la causa de su locura mientras las monjas y el médico le sirven de público.

Como es habitual en el planteamiento de las 'tragedias complejas', el drama está estructurado de acuerdo con unos rasgos esenciales, de entre los cuales los más importantes son la conciencia de la degradación social manifestada con elementos cómicos, lúdicos e irónicos. (Caudet 1992: 66) También hay un héroe irrisorio, en este caso Sancho, quien está en un profundo estado de depresión debido al proceso de degradación en el cual encuentra a don Quijote, y en otro nivel, el mundo en sí. Para plasmar esta visión sirviéndose del consabido mito quijotesco, Sastre utiliza el mismo procedimiento de transformación que creó Cervantes pero con una diferencia importante. Inventa a un nuevo Sancho, quien asume el protagonismo de la pieza. Su personalidad está concebida al servicio de una idea radical: la locura del aldeano era tan fuerte o mayor que la del propio Alonso Quijano. Sancho Panza se convierte no sólo en idealista, soñador e incansable lector de novelas de caballería, sino en la enloquecida persona que contagió su locura al pobre y deprimido Alonso Quijano. Es decir, hay un dramático cambio de papeles y Sancho es la verdadera fuerza motriz de Don Quijote.

El ingenuo escudero cree haber descubierto en un vecino suyo con apariencia de hidalgo melancólico y amarillento, a un caballero andante sometido al encantamiento por un mago. Su empeño será liberar al caballero y 'quijotizarle' recorriendo mundos y aventuras.[7] Tras una serie de episodios más o menos fieles a la obra cervantina que incluyen: las trampas recuperadoras del bachiller Sancho Carrasco, los odres de vino acuchillados, una visita maravillosa a la cueva de Montesinos, tropiezos con maleantes y molinos y otros más cargados de una fuerte dosis de elementos fantásticos y lúdicos, la pareja termina muy desengañada con las trampas sociales, la hipocresía, la falta de moralidad y la degradación general en el mundo. Hay represivos poderes que imposibilitan sus sueños, y poco a poco se han ido desilusionando. Pierden las esperanzas de que todavía existan ideales capaces de cambiar el mundo porque los valores éticos y morales han desaparecido.

Al final, al ser engañados y detenidos por Carrasco, retornan tristemente a su miserable existencia en su pueblo de cuyo nombre el autor de esta historia invertida quiere acordarse: Valdepeñas. La acción se vuelve circular y el viaje 'infinito' parece terminar donde comenzó: en la desilusión, el fracaso y la muerte. Como en la novela, Don Quijote muere ante un des-quijotizado y desilusionado Sancho, a quien se le ha perdido tanto su mejor amigo como sus ganas de vivir. Según Mariano de Paco, estos héroes o anti-héroes se asemejan a los otros héroes irrisorios en las tragedias complejas de Sastre porque nos remiten a una situación final: el aniquilamiento físico, impuesto o elegido. (Paco 1992: 58)

Al poner fin a su historia, Sancho nos devuelve al tiempo presente del manicomio y allí le encontramos a punto de suicidarse otra vez. Sus últimas palabras de desesperación dirigidas al público subrayan uno de los muchos momentos de intertextualidad que hay en el texto teatral: "¡Adiós gracias, adiós donaires, adiós regocijados amigos; que me voy muriendo, y deseando veros presto contentos en la otra vida! Adiós, adiós." (Sastre 1994: 111) En realidad, estas palabras son una conmovedora y melancólica cita del prólogo de *Los trabajos de Persiles y Segismunda*, obra póstuma de Cervantes. De ahí que el experimento de Sastre se cierre con un digno homenaje a Cervantes, a su última novela, que, según Sastre, "es uno de los más bellos textos que, en la opinión de quien esto escribe, se han escrito jamás." (Ibídem)[8]

El peso de la acción de los episodios cervantinos ha sido muy calculado y conserva la tensión dramática de la trama original de la novela. Los incidentes son retratados con una generosa dosis de comicidad, bondad literaria y una redacción hecha con mucho cuidado. Como en otras obras de Sastre, la acción es fragmentada. No obstante, lo que une todo es un trabajo muy admirable para crear un discurso literario que cuenta con una doble aplicación lingüística. Por un lado, hay la recreación del lenguaje elegante y evocador de Cervantes, que no sólo se equipara a la autenticidad filológica, sino que funciona para construir un imaginario contexto histórico. Por otro, se inventa un lenguaje vulgar de índole anacrónico que choca con el del mundo representado en la fábula. La convergencia de los dos textos que se logra a partir de ciertos episodios en común, se pierde con los dos lenguajes divergentes que desorientan al espectador/lector. De ahí que el lenguaje ejemplifique uno de los recursos distanciadores más empleado por Sastre, que logra aproximar al público al mito de Don Quijote y Sancho, pero, al mismo tiempo, lo distancia, porque Sastre ha hecho una inversión lingüística en el habla de los personajes. A diferencia del lenguaje culto que se espera del don Alonso Quijano/ Quijote, su discurso peca de irreverente y vulgar. En cambio, el de Sancho Panza, quien narra los episodios del pasado, es más elegante y noble; incluso, en varios momentos suelta algunas frases en latín. No obstante, cuando se enfurece, la formalidad y la elegancia de su discurso desaparecen por completo. Un ejemplo de entre los muchos que hay a lo largo del texto es cuando el maligno médico se burla de Sancho privándole de cualquier miga de comida en medio de un gran banquete y el famélico escudero grita: "Culo ha de ser usted, o polla, o cojoncillo, según esta teoría. ¡Váyase muy lejos!" (Sastre 1994: 96) Con todo, el lenguaje es directo, comunicativo e incorpora no sólo palabrotas, sino una jerga contemporánea que resulta cómica al lado de los elegantes extractos de *Don Quijote de la Mancha*, la novela. De interés particular resulta la inesperada introducción de unas frases en euskera –recurso lingüístico utilizado en *Demasiado tarde para Filoctetes*– articuladas por un preso de una cadena de galeotes que la pareja encuentra en el camino. De hecho, su traducción, "Libertad a los presos" engendró cierta controversia después del estreno debido a que estas frases fueron interpretadas por algunos críticos de la prensa del País Vasco como una apología de ETA.

En su conjunto, lo que ha intentado Sastre es, a la vez, un ingenioso experimento de teatralidad abierta y un homenaje al texto de Cervantes en el que se sirve de los propios personajes y pasajes del original para transformarlos a su arbitrio. Con mucha destreza Sastre elabora un constante juego intertextual entre el texto primario antiguo y el texto secundario actual que entronca efectivamente la temática del mito de don Quijote con problemas de la condición humana como la soledad, la angustia y la muerte. En su versión o recreación, Sastre ha potenciado varios momentos del texto cervantino al introducir unos ligeros cambios, sobre todo, en las personalidades de la pareja para lograr perfilar mejor la amistad entre el caballero andante y su escudero. Su relación ya no parece tan esquemática, sino que tiene una base emocional muy verdadera Cada uno de ellos sale mejor retratado como un auténtico ser humano, vulnerable, que sufre la angustia existencial de vivir. Cabe notar que en varios momentos del texto, cuando la pareja se encuentra abrumada por el miedo a la agresividad del mundo exterior, se produce en ellos un efecto desorientador del vértigo, un obvio síntoma de la misma ansiedad existencial. Por eso se apoyan y se consuelan mutuamente como verdaderos amigos. Los diálogos entre ellos son discursos de gran ternura que consiguen hacer más complejos o humanizar a los dos personajes. Penetramos en otro mundo nuevo: el de la psicología de otro Sancho y otro Quijote que le proporciona al lector una imagen tanto ambigua como inspiradora de la famosa pareja cervantina. En cuanto al efecto sobre el espectador, esta ambigüedad constituye un valor fundamental del experimento escénico, en el que el espectador no sólo ha de sentirse en un mundo simultáneamente familiar y extraño, sino que tiene que descifrar su posible significado.[9] Debido al idealismo extremo, contrastado con la angustia existencial que hay en los discursos de los personajes, un público avispado notará discretas alusiones a la actualidad que remiten a problemas de la realidad social contemporánea como son la opresión de los pueblos marginados, la privación de la libertad individual, la tortura y la destrucción causada por la guerra. Tal vez la escena más triste y conmovedora que alude al abuso de los derechos humanos o la represión de los pueblos es la de los presos de las galeras. Al terminar de reclamar la libertad uno de los prisioneros, a los dos les invade una profunda compasión por él. Sin embargo, Sastre rompe bruscamente la seriedad del momento con un chiste reconocible del País Vasco, cuando Sancho, al contestar a la pregunta de Quijote/ Quijano sobre el extraño, habla del preso y contesta: "Es que se ve que el pobre cuitado es vizcaíno, y así le irá en la vida si no se sabe explicar." (Sastre 1994: 44)

Estilísticamente, además de la intertextualidad, están presentes otros recursos que terminan subvirtiendo el discurso estrictamente teatral para convertirlo en un discurso más literario, irónico y subjetivo. Incluyen anacronismos en el lenguaje y utilería, momentos fantásticos, personajes mágicos y escenas maravillosas que convierten la realidad teatral en un estimulante simulacro del mundo literario retratado en la famosa novela. Sastre aumenta aún más la autorreferencialidad del texto como texto literario al incorporar en el discurso teatral de Sancho referencias intertextuales de otros textos literarios y de otras obras de Cervantes. Sirven para parodiar a Sancho como protagonista y narrador, e, incluso, para demostrar, al estilo de Brecht, la conciencia de los personajes de su papel de actores en una pieza metateatral. Por ejemplo, Quijote/Quijano manifiesta a través del texto una descomunal y pedantesca preocupación por el significado exacto de las palabras correctas y coloquiales. Así, cuando el comisario de los presos, que lleva un arma automática moderna, emplea el término 'gurapas' al preguntar "¿Qué dice usted de gurapas? ¿Qué palabra es ésa?" (Sastre 1994: 43), Sancho responde: "Seguro que vendrá en el *Tesoro de la lengua de Covarrubias*, digo yo." (Sastre 1994: 43) Luego, al hablar de la tortura que recibió el preso en 'el combo' (cárcel), Sancho nota "que se fue de la lengua y confesó en el tormento de agua [...] que muy claro se entiende en una famosa novela de don Miguel de Cervantes, que se llama *Rinconete y Cortadillo*." (Ibidem: 44) Al lado de la intertextualidad introducida en la obra, el último recurso literario empleado por Sastre dentro del discurso teatral son las acotaciones muy personalizadas e irónicas. Allí se descubre otro texto discursivo que logra transmitir claramente no sólo la visión personal y la conciencia del autor en el acto de escribir, sino también un diálogo directo con el lector e, incluso, también con un futuro director escénico del texto.

En este experimento teatral a partir de Cervantes, Sastre nos ha sorprendido con una insólita oferta de tragedia o 'tragicomedia compleja' que combina hábilmente los elementos de la 'tragedia compleja' y rasgos reconocibles del teatro épico de Brecht. A esta caldera teatral añade una mezcla de recursos estilísticos como la intertextualidad literaria, la metateatralidad, la ironía, el humor, el lenguaje coloquial y los juegos lingüísticos para recrear una carnavalesca inversión del mito literario *Don Quijote de La Mancha*. Elaborado con mucha maña, ingenio e, incluso, ternura hacia el mito, el texto de Sastre transforma el acto de escribir en un juego imaginativo y un irónico discurso teatral personalizado que proporciona nuevos apuntes tragicómicos a lo que en el fondo es una profunda meditación sobre los problemas eternos de la condición humana. La gran destreza con la cual Sastre maneja y recrea los mitos, nos ofrece una forma teatral a la vez posmoderna y tragicómica capaz de proporcionarnos unos momentos de entretenimiento y reflexión durante nuestro propio viaje por un mundo degenerado. Dada la realidad de hoy, quizás la tragicomedia basada en los mitos llegue a ocupar un lugar más importante en nuestra cultura contemporánea, puesto que este momento –de guerras y terrorismo– parece ser cada vez más un tiempo de tragedia.

NOTAS

1. Para familiarizarse con los rasgos escenciales de la 'tragedia compleja' de Alfonso Sastre, véase el planteamiento realizado por Magda Ruggeri Marchetti de la teoría sastriana que sirve de fundamento de estas obras en sus artículos de 1979 y 1988.
2. Desde 1955 Sastre ha venido trabajando con el mito en una serie de obras. En orden cronológico son *Guillermo Tell tiene los ojos tristes* (1955); *Medea* (1958 y 1992); *La sangre y la ceniza* (1962-65); *Crónicas romanas* (1968); *Las Troyanas* (1968); *Tragedia fantástica de la gitana Celestina* (1977-78); *El hijo único de Guillermo Tell* (1980); *Jenofa Juncal, la roja gitana del monte Jaizkibel* (1983-84); *El viaje infinito de Sancho Panza* (1983-84); *Revelaciones Inesperadas de Moises* (1988); *Demasiado tarde para Filoctetes* (1989), y *Los dioses y sus cuernos* (1994-95).
3. El personaje de Filoctetes emprende su propio tipo de viaje al mundo exterior, y con la misma clase de circularidad en la acción, retorna a su miserable existencia, desilusionado y desengañado al final. Véase al respecto Johnson 1999: 259-63.
4. Como en su obra anterior, *Tragedia fantástica de la gitana Celestina*, Sastre vuelve al *Quijote* como una fuente tanto de inspiración como de recursos literarios. Juan Villegas señala que en *La Celestina*, "el estilo arcaizante de los títulos, la sintaxis de los mismos [...] rememoran frases de

función semejante en la obra de Cervantes." (1986: 41)
5. Según el propio autor, el teatro supone un vehículo con el cual "el ser humano atiende a tres frentes de la existencia imbricados los unos en los otros: juego, conocimiento y política". (Sastre 1995)
6. Con la introducción de la voz autorial de Sastre, la obra adquiere matices épicos al estilo del teatro de Bertolt Brecht, quien suele entrar en sus obras como una presencia y una voz que expresa sus propias opiniones. Robert Brustein identifica este recurso posbrechtiano de la siguiente manera: "Among the formal innovations of epic theater is the permission it gives the author to introduce his own ideas into his work, much as a novelist uses a narrative to shape the reader's responses to action and character." (1962: 260) [De entre las innovaciones formales del teatro épico se incluye la de permitirle al autor introducir en las obras sus propias ideas, de la misma manera que el novelista utiliza la narración para moldear las respuestas del público a la acción y al personaje.]
7. Francisco Caudet bautizó el proceso 'quijotizar' en su discusión breve de la obra. Mantiene que "la identificación con Don Quijote y Sancho-pueblo quijotizador-quijotizado revela una ansiedad por la sublevación individual y colectiva". (Caudet 1999: 68)
8. Al igual que en numerosos momentos de la obra, se insiste en su condición 'teatral', de representación o de nueva aparición de palabras, situaciones y personajes anteriores.
9. Sastre llama al doble efecto simultáneo sobre los espectadores 'el efecto boomerang'. 'Verfremdungseffekt', otro recurso posbrechtiano, se basa en la noción de distanciar a los espectadores de la acción y del drama de los personajes creando así una actitud irónica por parte del observador hacia lo que está observando. Sastre lo emplea con similares intenciones irónicas para terminar revelando al espectador el aislamiento existencial de los personajes y, a la vez, del espectador.

BIBLIOGRAFÍA

Brustein, Robert
    1962   *The Theatre of Revolt*. Boston: Little, Brown and Company.
Caudet, Franciso
    1999   'Entre la agonía y la elegía; Apuntes sobre el viaje infinito de Sancho Panza.' En: *Primer Acto* 242: 66-69.
Halsey, Martha T. y Phyllis Zatlin (eds.)
    1999   *Entre actos: diálogos sobre teatro español entre siglos*. Penn State: University Press.
Johnson, Anita L.
    1999   'El mito en el teatro último de Alfonso Sastre: meta-teatro, intertextualidad y parodia.' En: Halsey y Zatlin 1999: 259-63.
Paco, Mariano de
    1992   'La inversión de un mito literario.' En: *Primer Acto* 242: 56-59.
Ruggieri Marchetti, Magda
    1979   'La tragedia compleja: bases teóricas y realización práctica en *El camarada oscuro de Alfonso Sastre*.' En: *Pipirijaina Textos* 10 (septiembre-octubre): 2-9.
Ruggieri Marchetti, Magda
    1988   'La tragedia compleja en sus mejores realizaciones.' En: *Cuadernos El Público* 38 (diciembre): 61-75.
Sastre, Alfonso
    1989   *Demasiado tarde para Filoctetes*. Hondarribia: Hiru.
    1994   *El viaje infinito de Sancho Panza*. Madrid: SGAE.
    1995   *Entrevista personal*. Julio.
Taplin, Oliver
    1989   *Greek Fire*. London: Jonathan Cape.
Todorov, Tzvetan
    1990   *Genres in Discourse*. Cambridge: Cambridge University Press.
Villegas, Juan
    1986   '*La Celestina* de Alfonso Sastre: niveles de intertextualidad y lector potencial.' En: *Estreno* XII.1 (primavera): 40-41.

José Rodríguez Richart
Universität des Saarlandes, Saarbrücken

EL TRAGALUZ, DE ANTONIO BUERO VALLEJO.
UN ANÁLISIS TEXTUAL

Introducción

Antonio Buero Vallejo (Guadalajara 1916 - Madrid 2000) es considerado por la mayoría de los críticos y estudiosos del teatro español como el autor más importante de la segunda mitad del siglo XX en España. Desde el estreno de *Historia de una escalera* en Madrid (1949), hasta el de su última obra, *Misión al pueblo desierto*, también en Madrid (1999), en los escenarios españoles y de otros incontables países de todo el mundo el autor ha ofrecido al público la mayoría de las obras escritas por él, unas treinta en número, entre ellas algunas tan conocidas y celebradas como *En la ardiente oscuridad* (1950), *Hoy es fiesta* (1956), Premio Nacional de Teatro y Premio de la Fundación March, *Un soñador para un pueblo* (1958), *Las Meninas* (1960), *El concierto de San Ovidio* (1962), *La doble historia del doctor Valmy* (escrita en 1964, prohibida en España, estrenada por primera vez en Chester, Inglaterra, en versión inglesa, en 1968 y en España sólo en 1978), *El sueño de la razón* (1970), *La Fundación* (1974), *La detonación* (1977) o *Jueces en la noche* (1979). Casi todas sus obras han sido publicadas posteriormente, muchas de ellas traducidas a la mayoría de los idiomas cultos y bastantes adaptadas al cine y a la televisión de varios países. Innumerables son hoy en día los estudios críticos dedicados a analizar y comentar su creación escénica y los más sugerentes y novedosos aspectos de su universo dramático por los investigadores de muchos países. Antonio Buero, cuya primera obra estrenada había sido galardonada con el prestigioso Premio Lope de Vega del Ayuntamiento de Madrid, ha obtenido a lo largo de su vida un gran número de premios y distinciones, entre los que cabe destacar el Premio Nacional de Teatro por el conjunto de su obra (1980) y el Premio de Literatura en Lengua Castellana Miguel de Cervantes (1986), otorgado por primera vez a un dramaturgo. Finalmente, en 1971, fue elegido miembro de número de la Real Academia Española de la Lengua.

2. El tragaluz

Una de las obras más interesantes de su producción dramática es indudablemente *El tragaluz*. Escrita en 1966, fue estrenada en el Teatro Bellas Artes de

Madrid el 7 de octubre de 1967, dirigida por José Osuna, con decorado de Sigfrido Burmann y protagonizada en los principales papeles por Jesús Puente (Vicente), José María Rodero (Mario), Francisco Pierrá (El Padre), Amparo Martí (La Madre) y Lola Cardona (Encarna). "La crítica consideró el drama como una de las cumbres de la producción de su autor y el público la recibió con entusiasmo", han escrito dos de los mejores conocedores de su creación, Luis Iglesias Feijoo y Mariano de Paco (1994: XLI).

La acción de la obra, con las particularidades que señalaremos luego, tiene lugar en Madrid en la segunda mitad de la década de los sesenta del siglo XX. Vicente (de unos cuarenta años) es un empleado importante en una empresa editorial. En su despacho trabaja como secretaria la joven Encarna (veinticinco años), con la que tiene relaciones amorosas pero con la que rehúsa contraer matrimonio. Vicente va de cuando en cuando a ver a sus padres (El Padre tiene unos setenta y cinco años, La Madre unos sesenta y cinco) y a su hermano Mario (treinta y cinco años), que viven modestamente en un semisótano. Mario trabaja ocasionalmente como corrector de pruebas de imprenta para la misma casa editorial de su hermano mayor. El Padre tiene perturbadas sus facultades mentales desde hace años. Vicente ha conseguido triunfar en la vida después de la Guerra Civil y crearse una situación económica acomodada, ayudando periódicamente a su familia con dinero. Mario, por el contrario, como sus padres, sigue tan pobre como siempre porque prefiere esa situación marginada a enriquecerse sin escrúpulos, como hacen otros.

En sucesivas conversaciones, Mario, implacablemente, va desenmascarando la actitud de Vicente, al que acusa de ser responsable directo o indirecto de tantas víctimas: de Elvirita, la hermana menor, que murió cuando tenía dos años, porque él se llevó los imprescindibles alimentos subiéndose a un tren abarrotado de gente en los días turbulentos que siguieron al final de la Guerra Civil; de su propio padre, que enloqueció precisamente a causa de eso; de Encarna, de la que se aprovecha pero con la que no quiere unirse a pesar de que ella espera un hijo de él; del escritor Eugenio Beltrán, eliminado injustamente del programa por los nuevos socios capitalistas de la editorial con su complicidad e incluso del propio Mario. La tensión de las discusiones entre los dos hermanos va aumentando paulatinamente por obra de Mario, que en su inflexible e insobornable papel de fiscal o de juez, descubre o revela poco a poco la verdad de lo que pasó en aquella estación de ferrocarril de la postguerra y en la trayectoria oportunista seguida desde entonces por Vicente. Éste, al fin, reconoce su culpa y, solo ante su padre enajenado y visionario, en la escena capital del drama, se confiesa, se auto-acusa y es 'ajusticiado' por su progenitor, irresponsable de lo que hace, asestándole mortales golpes con unas tijeras. Unos días después de esa muerte expiatoria, Mario confiesa a su vez su parte de culpa en el trágico fin de su hermano y le pide a Encarna, que espera un hijo de Vicente y que ha sido despedida de su trabajo en la editorial, que lo acepte a él como marido. La obra termina con unas misteriosas palabras de Mario portadoras de un vago mensaje de esperanza para la gente de un futuro mejor: "Quizá ellos algún día, Encarna... Ellos sí, algún día... Ellos." (Buero 1968: 357)

Pero hay algo importante que señalar. Esa historia que acabamos de resumir está incluida en otra que tiene la función de marco, protagonizada por dos personajes singulares. Él y Ella, "una joven pareja vestida con extrañas ropas, propias del siglo a que pertenecen", como explica el autor en una acotación. (Buero 1968: 291) Se trata de una pareja de investigadores de un siglo futuro que va a realizar un "experimento en dos partes", como reza el subtítulo de la obra (Ibídem: 287), consistente en reconstruir, rescatar o hacer revivir desde su época y para los espectadores coetáneos determinadas escenas significativas del pasado con ayuda de potentes cerebros y detectores electrónicos y de proyectores espaciales: "La historia sucedió en Madrid, capital que fue de una antigua nación llamada España", como dice Él (Ibídem: 293). De modo que el presente de los espectadores reales del estreno es, en la ficción escénica, un público del futuro, del mismo futuro al que pertenece la pareja de investigadores, que interviene en ocho ocasiones en la obra con sus comentarios para hacer comprender el experimento.

El texto

Vamos a analizar dos breves pero representativas escenas de la segunda parte de la obra. Vicente ha ido una vez más al semisótano a aclarar las cosas, a hablar con Mario de la enfermedad que padece su padre y de su posible origen, pues le va resultando insoportable el infundio –así lo afirma él– que Mario se ha inventado de que El Padre ha enloquecido por su culpa. Vicente estima que la causa de lo que sufre su padre es simplemente una arterioesclerosis típica de la vejez. Pero Mario insiste en que la verdadera causa fue su primera huida de los demás, subiéndose al tren con la bolsa de los alimentos de primera necesidad, sobre todo para la niña Elvirita, y de, mucho más tarde, su segunda huida, al irse al servicio militar, del que ya no volvió a vivir en casa. Los intentos exculpatorios y las excusas de Vicente son cada vez más débiles en el tenso debate con su hermano. Veamos el texto. En escena están, además de Vicente, El Padre, alucinado como siempre, absorbido en la contemplación de las revistas y postales y recortando algunas fotos de ellas, La Madre, Mario y Encarna, que acaba de entrar:

I MARIO. Si no podías bajar, ¿por qué no nos tiraste el saco?
VICENTE. ¡Te digo que no se me ocurrió! ¡Forcejeaba con ellos!
MARIO. *(Fuerte.)* ¡Sí, pero para quedarte! Durante muchos años he querido convencerme de que recordaba mal; he querido creer en esa versión que toda la familia dio por buena. Pero era imposible, porque siempre te veía en la ventanilla, pasando ante mis ojos atónitos de niño, fingiendo que intentabas bajar y resistiendo los empellones que te daban entre risas aquellos soldadotes... ¿Cómo no ibas a poder bajar? ¡Tus compañeros de retrete no deseaban otra cosa! ¡Les estorbabas! *(Breve silencio.)* Y nosotros también te estorbábamos. La guerra había sido atroz para todos, el futuro era incierto y, de pronto, comprendiste que el saco era tu primer botín. No te culpo del todo; sólo eras un muchacho hambriento y asustado. Nos tocó crecer en años difíciles... ¡Pero ahora, hombre ya, sí eres culpable! Has hecho pocas víctimas, desde luego; hay innumerables canallas que las han hecho por miles, por millones. ¡Pero tú eres como ellos! Dale tiempo al tiempo y verás crecer el número de las tuyas... Y tu botín. *(Vicente, que mostró, de tanto en tanto, tímidos deseos de contestar, se ha ido apagando. Ahora mira a todos con los*

ojos de una triste alimaña acorralada. La madre desvía la vista. Vicente inclina la cabeza y se sienta, sombrío. Mario se acerca a él y le habla quedo.) También aquel niño que te vio en la ventanilla del tren es tu víctima. Aquel niño sensible, a quien su hermano mayor enseñó, de pronto, cómo era el mundo.

EL PADRE. *(A Encarna, con una postal en la mano.)* ¿Quién es éste, muchacha?
ENCARNA. *(Muy quedo.)* No sé.
EL PADRE. ¡Je! Yo, sí. Yo sí lo sé.

(Toma la lupa y mira la postal con mucho interés.)

VICENTE. *(Sin mirar a nadie.)* Dejadme solo con él.
MARIO. *(Muy quedo.)* Ya, ¿para qué?
VICENTE. ¡Por favor!

(Lo mira con ojos extraviados.)

MARIO. *(Lo considera un momento.)* Vamos a tu cuarto, madre. Ven, Encarna.

(Ayuda a su madre a levantarse. Encarna se levanta y se dirige al pasillo.)

LA MADRE. *(Se vuelve hacia Vicente antes de salir.)* ¡Hijo!...

(Mario la conduce. Encarna va tras ellos. Entran los tres en el dormitorio y cierran la puerta.

II *Una pausa. El padre sigue mirando su postal. Vicente lo mira y se levanta. Despacio, va a su lado y se sienta junto a la mesa, de perfil al padre, para no verle la cara.)*

VICENTE. Es cierto, padre. Me empujaban. Y yo no quise bajar. Les abandoné, y la niña murió por mi culpa. Yo también era un niño y la vida humana no valía nada entonces... En la guerra habían muerto cientos de miles de personas... Y muchos niños y niñas también..., de hambre o por las bombas... Cuando me enteré de su muerte pensé: un niño más. Una niña que ni siquiera había empezado a vivir... *(Saca lentamente del bolsillo el monigote de papel que su padre le dio días atrás.)* Apenas era más que este muñeco que me dio usted... *(Lo muestra con triste sonrisa.)* Sí. Pensé esa ignominia para tranquilizarme. Quisiera que me entendiese, aunque sé que no me entiende. Le hablo como quien habla a Dios sin creer en Dios, porque quisiera que Él estuviese ahí... *(El padre deja lentamente de mirar la postal y empieza a mirarlo, muy atento.)* Pero no está, y nadie es castigado, y la vida sigue. Míreme: estoy llorando. Dentro de un momento me iré, con la pequeña ilusión de que me ha escuchado, a seguir haciendo víctimas... De vez en cuando pensaré que hice cuanto pude confesándome a usted y que ya no había remedio, puesto que usted no entiende... El otro loco, mi hermano, me diría: hay remedio. Pero ¿quién puede terminar con las canalladas en un mundo canalla?

(Manosea el arrugado muñeco que sacó.)

EL PADRE. Yo.
VICENTE. *(Lo mira.)* ¿Qué dice? *(Se miran. Vicente desvía la vista.)* Nada. ¿Qué va a decir? Y, sin embargo, quisiera que me entendiese y me castigase, como cuando era un niño, para poder perdonarme luego... Pero ¿quién puede ya perdonar, ni castigar? Yo no creo en nada y usted está loco. *(Suspira.)* Le aseguro que estoy cansado de ser hombre. Esta vida de temores y de mala fe fatiga mortalmente. Pero no se puede volver a la niñez.
EL PADRE. No.

(Se oyen golpecitos en los cristales. El padre mira al tragaluz con repentina ansiedad. El hijo mira también, turbado.)

VICENTE. ¿Quién llamó? *(Breve silencio.)* Niños. Siempre hay un niño que llama. *(Suspira.)* Ahora hay que volver ahí arriba... y seguir pisoteando a los demás. Tenga. Se lo devuelvo.

(Le entrega el muñeco de papel.)

EL PADRE. No. *(Con energía.)* ¡No!
VICENTE. ¿Qué?
EL PADRE. No subas al tren.
VICENTE. Ya lo hice, padre.
EL PADRE. Tú no subirás al tren.

(Comienza a oírse, muy lejano, el ruido del tren.)

VICENTE. *(Lo mira.)* ¿Por qué me mira así, padre? ¿Es que me reconoce? *(Terrible y extraviada, la mirada del padre no se aparta de él. Vicente sonríe con tristeza.)* No. Y tampoco entiende... *(Aparta la vista; hay angustia en su voz.)* ¡Elvirita murió por mi culpa, padre! ¡Por mi culpa! Pero ni siquiera sabe usted ya quién fue Elvirita. *(El ruido del tren, que fue ganando intensidad, es ahora muy fuerte. Vicente menea la cabeza con pesar.)* Elvirita... Ella bajó a tierra. Yo subí... Y ahora habré de volver a ese tren que nunca para...

(Apenas se le oyen las últimas palabras, ahogadas por el espantoso fragor del tren. Sin que se entienda nada de lo que dice, continúa hablando bajo el ruido insoportable. El padre se está levantando.)

EL PADRE. ¡No!... ¡No!...

(Tampoco se oyen sus crispadas negaciones. En pie y tras su hijo, que sigue profiriendo palabras inaudibles, empuña las tijeras. Sus labios y su cabeza dibujan de nuevo una colérica negativa cuando descarga, con inmensa furia, el primer golpe, y vuelven a negar al segundo, al tercero... Apenas se oye el alarido del hijo a la primera puñalada, pero sus ojos y su boca se abren horriblemente. Sobre el ruido tremendo se escucha, al fin, más fuerte, a la tercera o cuarta puñalada, su última imploración.)

VICENTE. ¡Padre!...

(Dos o tres golpes más, obsesivamente asestados por el anciano entre lastimeras negativas, caen ya sobre un cuerpo inanimado, que se inclina hacia delante y se desploma en el suelo. El padre lo mira con ojos inexpresivos, suelta las tijeras y va al tragaluz, que abre para mirar afuera. Nadie pasa. El ruido del tren, que está disminuyendo, todavía impide oír la llamada que dibujan sus labios.)

EL PADRE. ¡Elvirita!...

(La luz se extingue paulatinamente. El ruido del tren se aleja y apaga al mismo tiempo. Oscuridad total en la escena. Silencio absoluto.

III *Un foco ilumina a los investigadores.)*

ELLA. El mundo estaba lleno de injusticia, guerras y miedo. Los activos olvidaban la contemplación; quienes contemplaban no sabían actuar.
ÉL. Hoy ya no caemos en aquellos errores. Un ojo implacable nos mira, y es nuestro propio ojo. El presente nos vigila; el porvenir nos conocerá, como nosotros a quienes nos precedieron.[1]

Análisis de la primera escena del texto (I)

En realidad, y en sentido estricto, en la estructura formal de la obra no hay 'escenas', sólo hay dos 'partes' ("Experimento en dos partes", reza el subtítulo). Pero si por escena entendemos, según la terminología tradicional, la entrada o salida de personajes o un cambio de lugar, entre los dos fragmentos que, principalmente, vamos a analizar aquí, hay una cesura evidente: Mario, La Madre y Encarna salen del cuarto de estar donde se hallaban todos y entran en el contiguo dormitorio, cerrando la puerta y dejando solos al Padre y a Vicente, como él quería. Este es el final de una escena, que ha comenzado, podríamos decir, con la entrada de Encarna momentos antes y, al mismo tiempo, el principio de otra (con la salida de los tres personajes antes citados), que concluirá cuando se haga la "Oscuridad total" en el escenario y el "Silencio absoluto" (Buero 1968: 355), con la transición a la séptima y penúltima intervención de los dos investigadores del futuro.

En la primera escena que vamos a analizar, el tema central es "el descubrimiento o la revelación de la culpa" de Vicente debido a la tenacidad y a la insistencia implacable de Mario, que actúa como un juez insobornable y justiciero.[2] El enconado debate o enfrentamiento entre ambos hermanos ya nos manifiesta la presencia de otro tema o subtema de indudable importancia en la literatura: la rivalidad, hostilidad o incluso odio entre hermanos, que algún estudioso de la obra de Buero ha denominado 'cainismo'.[3] El antagonismo entre los dos hermanos viene de antiguo, desde que Vicente "se subió al tren", como ya sabemos, en una estación, poco después de terminar la sangrienta contienda civil española, llevándose la bolsa de los alimentos (primera huida). Ese antagonismo aumentó con la marcha de Vicente al servicio militar, del que ya no volvió a vivir con la familia (segunda huida), lo que Mario considera como un abandono de los más elementales deberes familiares hacia los suyos y una imperdonable falta de solidaridad porque tuvo que ser él, Mario, el que asumió la responsabilidad de mantener entonces a los padres[4], mientras su hermano mayor medraba, prosperaba y se enriquecía con sus actividades en los años del desarrollo económico de finales de los cincuenta y de la década de los sesenta.[5]

De modo que Vicente pertenece al grupo social de los personajes activos, de los que "toman el tren" (literal y metafóricamente) y ya no se bajan de él, mientras que Mario ha decidido pertenecer al de los contemplativos o pasivos, convencido como está de que toda acción es impura y produce víctimas; él prefiere contemplar, mirar, observar[6] para no embrutecerse o encanallarse pisoteando a los demás, lo que implica asumir la pobreza y la modestia de su sótano.

Pero hay un aspecto más que conviene señalar en esta oposición o antítesis entre Mario y Vicente: Encarna. En este caso, no se trata de un antagonismo o divergencia ideológica o ética sino también de un conflicto sentimental: los dos quieren a Encarna, aunque de muy diferentes maneras. Vicente se aprovecha de ella, la convierte en su amante, e incluso, cuando, más tarde, ella le revela que va a tener un hijo de su relación con él, Vicente reacciona evasivamente dándole largas a una posible solución del problema, confirmando así lo que ya se vislumbraba en una conversación entre los dos al principio de la obra.[7] Mario, en cambio, quiere de verdad y con todas las consecuencias a Encarna, está convencido (y no le falta razón), de que ella es, como otras muchas personas, una víctima más de Vicente. Su amor por ella sólo flaquea momentáneamente (pero no decae, como se verá al final de la obra), cuando Encarna confiesa que ha sido la amante de su hermano.[8] Se repite aquí esencialmente, como vemos, ese triángulo personal de la sobrecogedora tragedia *En la ardiente oscuridad*, en la que, como se recordará, Carlos, para defender la filosofía del centro de los invidentes pero también para poder recuperar a Juana, asesina al rebelde Ignacio que pretendía cambiar la ficción en que todos vivían allí y enfrentarse con la verdad desnuda de su existencia de ciegos. Es también, análogamente, el conflicto que enfrenta a Valindin y al ciego David en *El concierto de San Ovidio*, entre los cuales se halla la joven Adriana, amante inicialmente del comerciante sin escrúpulos pero atraída después por la integridad y valentía del joven ciego. Vicente vive también en una ficción o, si se prefiere, en un autoengaño: quiere creer que la locura de su padre no es exactamente tal sino que su enajenación tiene una causa natural, su ancianidad y la arterioesclerosis típica derivada de ella y de que, por consiguiente, él está exento de culpa, queriendo tranquilizarse así de cierta preocupación o difuso remordimiento, por lo menos subconsciente, presente en su vida y en la obra, plasmado en el ruido de un tren en el que de vez en cuando piensa, ya desde los primeros momentos de la tragedia.[9]

Mario, que busca la verdad a ultranza, contribuirá, inflexible y decisivamente, a deshacer esa ficción en la que vive su hermano, alimentada en parte por La Madre que, condescendiente y conciliadora, aunque sabedora de lo que pasó realmente, dio por buena la versión según la cual Vicente subió al tren porque lo mandó su padre, no pudo bajar porque le sujetaban y apretujaban los demás pasajeros y no tiró al andén la bolsa con los alimentos porque no se le ocurrió hacerlo en ese momento. Para Mario, que fue testigo presencial de todo, todo fue muy diferente:

> ¡Baja! ¡Baja!, te decía lleno de ira (El Padre) desde el andén... Pero el tren arrancó ... y se te llevó para siempre. Porque ya nunca has bajado de él [...] La nena (Elvirita) murió unos días después. De hambre [...] Nunca más habló él de aquello. Nunca. Prefirió enloquecer. (Buero 1968: 351-252)

Mario comprende incluso, hasta cierto punto, su proceder ya que, como circunstancias atenuantes,

> la guerra había sido atroz para todos, el futuro era incierto y [...] comprendiste que el saco era tu primer botín. No te culpo del todo; sólo eras un muchacho hambriento y asustado [...] Pero ahora, hombre ya, ¡sí eres culpable! Has hecho pocas víctimas, desde luego; hay innumerables canallas que las han hecho por miles, por millones. ¡Pero tú eres como ellos! (Buero 1968: 352).

Mario se considera también su víctima y quizá por ello quedó marcado ya para siempre en su actitud pasiva y escéptica: "También aquel niño que te vio en la ventanilla del tren es tu víctima. Aquel niño sensible, a quien su hermano mayor enseñó, de pronto, cómo era el mundo" (Buero 1968: 353).

En las anteriores frases de Mario vemos una clara referencia a la Guerra Civil (1936-1939), en la que, como se sabe, participó el autor en el bando republicano, por lo que fue condenado a muerte en 1939, siendo conmutada esa pena posteriormente por otra de treinta años de cárcel y saliendo al fin en libertad condicional a comienzos de 1946, después, por tanto, de unos siete años de reclusión carcelaria.[10] De modo que, de todos estos diálogos, se pueden inferir dos consecuencias: primera, la presencia en la obra de una intención acusatoria indirecta de las circunstancias por las que atravesó España en la postguerra; segunda, la sospecha de que muchas de esas circunstancias y situaciones fueron conocidas directamente o incluso vividas por el mismo autor o por sus familiares.

Para terminar con el análisis de esta escena, sólo cabe decir que Vicente reconoce y admite, poco a poco, la verdad desnuda e irrefutable de lo que pasó, expresada por Mario y enmascarada hasta entonces, y consiguientemente su grave culpabilidad ("Vicente [...] se ha ido apagando. Ahora mira a todos con los ojos de una alimaña acorralada", Buero 1968: 352-353) y sólo tiene fuerzas para formular un último deseo: que le dejen solo con su padre ("Vicente: —sin mirar a nadie— Dejadme solo con él", Buero 1968: 353), lo que hacen efectivamente los otros personajes.

Análisis de la segunda escena del texto (II)

El tema de este fragmento o escena es doble y podríamos cifrarlo en la confesión o autoconfesión de la culpa pura y simple por Vicente, ya sin paliativos ni atenuantes, y en el castigo o expiación que sigue por obra del Padre.[11]

La escena podemos dividirla en dos partes esenciales: a) en la primera de ellas habla casi únicamente Vicente dando rienda suelta a la más auténtica verdad que se escondía en el fondo de su conciencia ("ex abundantia cordis, os loquitur"), llorando, arrepentido de lo que hizo antaño (aunque no parece dispuesto a cambiar de vida en adelante); b) la segunda constituye el clímax de la escena y se diría también de toda la tragedia, con la muerte de Vicente a manos de un padre súbitamente furioso, colérico y como revestido misteriosamente de los atributos de una divinidad vengativa y justiciera:

> Es cierto, padre. Me empujaban (los demás viajeros del tren).Y yo no quise bajar. Les abandoné y la niña (Elvirita) murió por mi culpa... Le hablo como quien habla a Dios sin creer en Dios, porque quisiera que Él estuviese ahí (Buero 1968: 353)

le confiesa Vicente a su padre con sinceridad absoluta, y en un sumario y apresurado balance de su trayectoria biográfica, casi casi como una confesión general de sus faltas, reconoce también que está, al parecer, cansado de llevar una existencia inauténtica, llena de mentiras, de oportunismo, de deslealtades y de pequeñas o grandes traiciones y de seguir pisoteando a los demás y haciendo víctimas: "Esta vida de temores y de mala fe fatiga mortalmente" (Buero 1968: 354). Vicente, sin embargo, se equivoca en dos aspectos fundamentales: está convencido de que su padre "no entiende", "está loco", tiene perturbadas sus facultades mentales por el motivo que sea y que ni se acuerda de lo que pasó ni le reconoce a él. Pero:

> El Padre [...] es quizás la mayor creación de toda la obra y aun de todo el teatro del autor; es un loco, pero, desde *Irene*, (se refiere a la obra *Irene o el tesoro*) estamos ya prevenidos contra una consideración superficial de la locura, y sabemos que ésta puede significar una vía de acceso más profunda que cualquier otra a la realidad total (Feijoo 1982: 362)

y más adelante el mismo autor añade que El Padre, como Mario, en cierto modo "no ha dejado de ser niño" (Feijoo 1982: 363) y que su locura le ha devuelto una especie de inocencia infantil y de capacidad de captación profunda y visionaria de la realidad. De modo que, si aceptamos esta razonable interpretación, El Padre sabe quién es cada uno.[12]

Vicente cree también ingenuamente que, después de este monodiálogo con El Padre saldrá del semisótano "a seguir haciendo víctimas" (Buero 1968: 353), a "seguir pisoteando a los demás" (ibídem: 354), volverá "a ese tren que nunca para" (ibídem) porque "¿quién puede terminar con las canalladas de un mundo canalla?" (Ibídem) Y, en definitiva, cree él que ya no hay remedio ni posibilidad humana de cambiar, de mejorar el rumbo de las cosas, "nadie es castigado y la vida sigue". (Ibídem) También en este sentido se equivoca fatalmente y será justamente su padre quien, en un acceso de cólera (¿para evitar quizá, en su recuerdo actualizado, que Vicente suba al tren del pasado que los demás perdieron, tren presente ahora en el pensamiento de ambos como se evidencia en el "ruido insoportable", en el "espantoso fragor del tren" (ibídem) que inunda acústicamente la atmósfera de esta trágica escena? ¿para evitar así quizá la muerte de la pequeña Elvirita, a la que El Padre recordará después del castigo de Vicente llamándola por su nombre ante el tragaluz?), descargará sobre las espaldas de su hijo, obsesivamente, los mortíferos golpes o puñaladas con las tijeras que acabarán con su vida. "Vicente recibe su castigo [...] que en el fondo de sí estaba ansiando para expiar su falta." (Feijoo 1982: 364)[13]

Estas últimas palabras nos recuerdan en cierta manera otra muerte singular, la del policía Daniel Barnes en *La doble historia del doctor Valmy*, a manos de su esposa y madre de su hijo, que hay que tener cuidado en interpretar: ¿se trata de un asesinato, de un castigo o de un suicidio? Antes de producirse los mortales disparos de Mary con la pistola de su marido, Daniel ya sabe que nunca podrá curarse de su impotencia: "No hay escape", (Buero 1976: 130) dice, convencido de que no logrará salir del inextricable y pérfido sistema policial en el que, como en una tupida tela de araña, está atrapado bajo la "tutela" de su protector y jefe, el comisario Paulus. Y ante la advertencia de Mary de que no se acerque más porque, aterrorizada, quiere defender a su hijo, confundiendo quizá la realidad con una horrible pesadilla premonitoria que tuvo antes, "él (Daniel) sigue avanzando" y cuando ella efectivamente dispara sobre él "Daniel cae, casi sonriente", consiguiendo aún incorporarse con esfuerzo para, mirando a su mujer, decir, como última palabra "¡Gracias!" como si hubiera sido liberado de una carga onerosa e insoportable, como si se hubiera salvado (Buero 1976: 130, las tres citas). Se diría, pues, que Daniel, como Vicente en la escena de *El tragaluz*, ha ido buscando su muerte.[14]

Como ya hemos constatado antes, desde el momento en que El Padre exclama "Tú no subirás al tren" (Buero 1969: 354) se precisa en la acotación ("Comienza a oírse, muy lejano, el ruido del tren", ibídem) y poco después, en otra acotación, "El ruido del tren, que fue ganando intensidad, es ahora muy fuerte" (ibídem), como expresión, si interpretamos correctamente la idea del autor, ya explicada al principio de la obra por la pareja de investigadores[15], de que los dos personajes presentes en el escenario están pensando intensamente en aquel lejano tren, origen y comienzo de toda la posterior tragedia familiar. La intensidad acústica del ruido va aumentando, paralelamente a la intensificación de la temperatura emocional del Padre, hasta convertirse en "un espantoso fragor" y en "un ruido insoportable" (Buero 1967: 354), presagiando la tragedia hasta que El Padre 'sacrifica' al hijo, disminuyendo pocos instantes después, consumado ya el sacrificio ritual, el ruido del tren, que "se aleja y apaga al mismo tiempo", haciéndose al final un "Silencio absoluto". (Buero 1968: 354-355)

El tren, el sótano y el tragaluz son, en su significación real y figurada, "las tres enormes metáforas sobre las que se levanta la obra" (Feijoo 1982: 357, 359): el tren (en sentido literal) al que se subió Vicente con su botín, abandonando a los suyos y del que no ha bajado ya (en sentido figurado)[16]; el sótano, en el que se alojaron, a falta de mejor solución material, todos los miembros de la familia pero que Vicente abandonó para subir y prosperar, mientras que Mario y sus padres se quedaban en él, en el pozo, en esa especie de catacumbas, porque aborrecían y detestaban el sistema de vida reinante fuera, arriba[17]; el tragaluz, finalmente, es, como la ventana de *Irene o el tesoro*, un medio de conocimiento, "pero su función es diferente según quien se sitúe ante él [...] por ejemplo, para Vicente es un espejo que refleja sus propias obsesiones" (Feijoo 1982: 360)[18], mientras que para Mario, personaje contemplativo y pasivo, como sabemos, a diferencia de su hermano, el tragaluz es el medio por el que percibe el mundo exterior, aunque al encerrarse "en un lugar en donde el tiempo parece detenido [...] renuncia a la vida [...] y en cierta forma es como si se suicidase". (Feijoo 1982: 359)[19]

Análisis adicional (III) del texto

Para terminar con el análisis del texto que nos hemos propuesto, todavía hay que comentar, aunque sea brevemente, el papel y el significado de los dos personajes, Él y Ella, que aparecen (una vez más en la obra, hay que añadir) inmediatamente después de la trágica escena en la que El Padre ha dado muerte cruenta a su hijo. Como ya indicamos antes, estos personajes pertenecen, en la concepción del autor, a un siglo futuro (que puede ser el siglo XXII o el XXV, por ejemplo) y, cuando actúan, se dirigen a unos espectadores de su época para ofrecerles ese experimento que han llevado a cabo con sus sofisticados y perfectos mecanismos y detectores electrónicos y que ha consistido en la "reproducción", "rescate" o "restauración" de la historia o del relato de los hechos y de los sentimientos relacionados con esa modesta familia española y con la sociedad de su tiempo, historia ocurrida, como también sabemos, "en Madrid, capital que fue de una antigua nación llamada España" (Buero 1967: 293).

Así pues, tenemos dos planos temporales perfectamente deslindados: a) el tiempo futuro, personificado por Él y Ella y el auditorio al que ellos se dirigen y b) el tiempo pretérito en el que transcurre la acción de la historia que hemos presenciado sobre las tablas, tiempo localizado en la segunda mitad del siglo XX y que coincide, no lo olvidemos, con el tiempo presente de los espectadores reales que asisten a la representación de la obra bueriana. De modo que, según esa obra, el auditorio de la fecha del estreno y de las sucesivas representaciones se ve transladado o transpuesto idealmente al futuro y, desde ese futuro, contempla y juzga con los investigadores lo que acaeció en tiempos pasados.[20]

¿Qué importancia y qué función tienen estos investigadores y qué sentido tienen estos desplazamientos temporales? Dejemos la palabra al autor:

> Para mí, *El tragaluz* sería inconcebible sin estos personajes [...] casi son para mí más importantes [...] que los demás elementos de la obra [...] los investigadores son insustituibles y la historia investigada no lo es [...] Es al público de nuestro tiempo, de los años oscuros que vivimos, al que trato de sobrecoger sirviéndome de los investigadores [...] (que) tienen para mí una función incluso superior a la de aclarar racionalmente, emotiva [...] La función de sobrecogimiento emotivo es, para mí, fundamental en estos personajes [...] (La) combinación de reflexión y temor es la esencia de la función de esta pareja de personajes (Fernández Santos 1968: 68-69)

Ese temor al que el autor se refiere lo formula en la obra uno de ellos:

> Si no os habéis sentido en algún instante verdaderos seres del siglo XX, pero observados y juzgados por una especie de conciencia futura; si no os habéis sentido en algún otro momento como seres de un futuro [...] que juzgan, con rigor y piedad, a gentes muy antiguas y acaso iguales a vosotros, el experimento ha fracasado (Buero 1968: 355)

Es decir, el autor sabe naturalmente que sus personajes de ficción se dirigen a un público real de 1967 (fecha del estreno), pero desplazado ficcionalmente a un siglo futuro, desde el que se vigilarán sus acciones y pensamientos por una conciencia futura. Un siglo futuro, hay que subrayar, en el que, en la concepción optimista del autor, los problemas y los conflictos del pasado ya habrán sido superados. De manera que, correlativamente a lo que han hecho los investigadores, nosotros, hombres del siglo XX, con nuestros errores y miserias más ocultas, estamos siendo juzgados *ya*. Ese es el mensaje que el autor intenta transmitirnos; si no se consigue, el experimento habrá fracasado.

Con ello pretende Buero que el espectador de nuestro tiempo, situado imaginariamente en el futuro, comprenda que, si no él, por los menos sus descendientes, más adelante, serán capaces de enjuiciar debidamente lo que hoy no se comprende bien. Si desde 2005, y de acuerdo con estas ideas del autor, quisiéramos valorar y juzgar lo que aconteció, por ejemplo, en España desde 1939 hasta 1975, indudablemente llegaríamos a resultados que diferirían considerablemente de los que las personas que vivieron conscientemente allí en ese lapso de tiempo pudieron constatar. El planteamiento de Antonio Buero, aunque parte de una visión algo utópica del futuro, parece, pues, razonablemente correcto.[21]

El autor, al mismo tiempo, ha tenido ocasión de enfrentarse una vez más, como ya hizo en otras obras anteriores (por ejemplo en *Historia de una escalera*, *Madrugada*, *El terror inmóvil*, *Hoy es fiesta*, *Las cartas boca abajo*, etc.) y como han hecho otros prestigiosos escritores (recordemos, por ejemplo, a John B. Priestley con sus conocidas obras *Time and the Conways*, *Dangerous corner*, *I have been here before*, *An Inspector calls*) con el tema o el problema del tiempo, "que a mí [...] me sigue pareciendo esencial en la dramaturgia" (Fernández Santos 1968: 70), como ha confesado él mismo.

Conclusión

"*El tragaluz* es una de las obras más complejas de Buero Vallejo y, a la vez, de las más sugerentes [...] La complejidad de su construcción, lo enigmático de alguno de sus elementos semánticos, el uso sabiamente medido de la ambigüedad convierten este drama en un semillero de sugerencias [...] no cabe duda de que este 'experimento' contará entre las mejores y más representativas muestras del teatro español de nuestros días", escribe Luis Iglesias Feijoo (1982: 343-344).

Es realmente imposible analizar en un comentario de texto de las dimensiones del presente los numerosos aspectos sustantivos que la obra encierra. Es incluso casi imposible enumerar siquiera algunos de ellos como la esencial cuestión filosófica de la identidad humana, repetidamente planteada en la obra con la insistente pregunta del padre ¿Quién es éste? o con la que se hace Mario ¿Quién soy (yo)? de tan clara raigambre unamuniana, o bien, en relación con ella, "la importancia infinita del caso singular" (Buero 1968: 292)[22], la dimensión ética de la tragedia o incluso la dimensión social o sociopolítica, si se quiere[23], la problemática de la Guerra Civil y sus consecuencias e implicaciones, los elementos oníricos con carácter premonitorio integrados en la pieza, como el sueño de Mario, que acaba confesándole a Encarna, al final, que fue él el causante de la muerte de su hermano, como ocurría en el sueño[24], aspectos relativos a la disposición del espacio escénico, al empleo de los medios acústicos, luminosos y otros elementos de significación escénica, a la forma lingüística, tanto en los textos primarios como en las acotaciones. Y, sobre todo, para no prolongar excesivamente esta lista, lo concerniente al fundamental mensaje de fe y de esperanza que encontramos siempre en las tragedias buerianas, puesto en la presente obra en boca de Mario quien, reconociendo honestamente sus propias faltas, errores e insuficiencias, acaba diciendo estas incompletas pero tremendamente significativas frases: "Quizá ellos algún día, Encarna... Ellos sí, algún día... Ellos." (Buero 1968: 357)[25]

Antonio Buero Vallejo no es sólo el dramaturgo más importante de la segunda mitad del pasado siglo en España, como decíamos al principio, sino, como ya escribí en otra ocasión (Rodríguez Richart 1982: 94) "junto con García Lorca, el autor trágico español de mayor envergadura de nuestra época".

NOTAS

1. El texto aquí reproducido corresponde a las páginas 160 a 164 de la edición de *El tragaluz* de 1986. En cambio, las citas que se hacen del texto de la obra en el análisis corresponden a la edición de *El tragaluz* de 1968.
2. "La Madre: [...] Pareces un juez. —Mario: Soy un juez." (Buero 1968: 348)
3. "Los dos hijos representan de nuevo el viejo tema del cainismo." (Oliva 1989: 249)
4. "Mario: [...] en aquellos años había que mantener a los padres ... y los mantuve yo." (Buero 1968: 322)
5. "Mario: [...] ¿Qué tal va tu coche? —Vicente: ¡Ah! ¿Ya lo sabes? [...] en estos tiempos resulta imprescindible... —Mario: [...] Claro. El desarrollo económico." (Buero 1968: 304)
6. "Mario: [...] hay que observar, hermano. Observar y no actuar tanto." (Buero 1968: 324)
7. "Encarna: [...] si tuviéramos un hijo, ¿lo protegerías? —Vicente: (Se acerca a ella con ojos duros) ¿Vamos a tenerlo? —Encarna: [...] No... —Vicente: Descuidarse ahora sería una estupidez mayúscula... —Encarna: Pero si naciera ¿lo protegerías? —Vicente: (Seco) Si no vamos a tenerlo es inútil la pregunta." (Buero 1968: 298)
8. "Encarna: Yo he sido la amante de tu hermano. (Mario se levanta de golpe, descompuesto [...]) —Vicente: ([...] con fría cólera) [...] no ha sido mi amante. Es mi amante." (Buero 1968: 341)
9. (En la oficina) "Vicente: [...] (Se abstrae. Se oye el ruido de un tren remoto, que arranca, pita y gana rápidamente velocidad. Su fragor crece y suena con fuerza)" (Buero 1968: 297). Un poco antes nos han revelado los investigadores; "Él: Oiréis, además, en algunos momentos, un ruido extraño [...] —Ella: Es el ruido de aquella desaparecida forma de locomoción llamada ferrocarril [...] Lo utilizamos para expresar escondidas inquietudes [...] Oiréis, pues, un tren; o sea, un pensamiento." (Buero 1968: 292)
10. Tomo estos datos de Feijoo, de Paco 1994: XXXVII.
11. El propio autor habla, en su entrevista con Amando Carlos Isasi, de la muerte de Vicente como de "la culminación de su destino". (Isasi 1974: 70)
12. "Hay una premeditada ambigüedad en este personaje, que permite encontrar en él, no sólo un viejo demente, sino algo mucho más hondo y misterioso. Ninguno de los rasgos observados nos permitiría decir resueltamente que es símbolo de Dios; mas, ante ellos, tampoco nos atrevemos a afirmar resueltamente lo contrario. Es una figura equívoca, extraña, fascinante, como el Godot beckettiano." (Doménech 1971: 37-38)
13. Buero "castiga la mala conducta del hijo mayor con su muerte a manos del propio padre."(Oliva 1989: 250)
14. De Daniel se puede decir aproximadamente lo mismo que de Vicente: "En el fondo de sí mismo, Vicente quiere purgar. Sus visitas, cada vez más frecuentes, [...] al semisótano, a lo más profundo y auténtico de sí mismo, no esconden sino el deseo de encontrar el castigo, de asumir su culpa." (Quinto 1967: 15)
15. (Buero 1968: 292). Vid. nota 9.
16. Sin embargo, Buero matiza: "Lo que yo he criticado en el personaje que tomó el tren en mi obra no es el hecho en sí de tomarlo, sino la manera que tuvo de tomarlo, y, naturalmente, la manera que tuvo de seguir viajando en él [...] el hermano menor [...] tiene también su parte negativa y acaso su parte negativa es, justamente, la de haberse empeñado en no tomar, de

ninguna de las maneras, el tren, la de haberse paralizado aposta, conscientemente." (Fernández Santos 1968: 72)
17. El semisótano "está ahí en representación del subsuelo donde se hallan los humillados y los ofendidos, en función del lugar más profundo y auténtico donde se repliega el hombre sobre sí mismo en un desesperado intento de evitar verse convertido en un objeto más de los que se compran y venden dentro de la sociedad capitalista, que bulle allá arriba en la calle y puede contemplarse a través del tragaluz." (Quinto 1967: 15)
18. En este caso concreto al que alude Luis Iglesias Feijoo se trata de las "coincidencias significativas" como las denomina el autor: "A mi juicio, la tragedia moderna debe afrontar ese mundo de las coincidencias significativas porque es otro de los enigmas que nos rodean [...] El mundo está lleno de ellas. Creo [...] que es uno de los aspectos importantes a abordar por la literatura [...] en *El tragaluz*, El Padre loco y el hijo mayor oyen unas frases de una pareja que cruza por la calle casi idénticas a las que él (Vicente) ha dirigido a su amante y con la misma carga de reproche moral. No se sabe si se trata de una obsesión de Vicente o si, efectivamente, la pareja ha pronunciado las palabras. Pero no se descarta la coincidencia significativa." (Isasi 1974: 69-70)
19. "El tragaluz es [...] la plasmación de la problemática del padre... Sabemos que el padre es un hombre psíquicamente trastornado y que, por ello, su visión de la realidad es deforme. Ahora bien, sucede [...] que a veces el trastorno mental de un hombre le lleva a intuiciones profundas y lúcidas que la razón vulgar ignora [...] el tragaluz es [...] la problemática del padre pero también una muestra de las raíces interiores de la rivalidad entre los dos hermanos." (Fernández Santos 1968: 73-74)
20. Más detalles sobre la importancia del tiempo en las obras de Buero pueden verse en Mariano de Paco 1994: 89-99. Allí leemos, por ejemplo, con referencia a *El tragaluz*: "Es en *El tragaluz* donde el *perspectivismo histórico* bueriano goza de un más cumplido desarrollo [...] Temporalmente debemos distinguir en ella tres acciones, que recíprocamente se condicionan. Dos Investigadores de un siglo futuro intentan [...] revivir una historia [...] que tuvo lugar en el tiempo de los espectadores. Pero esa historia está condicionada por otra, situada veinticinco años antes, al concluir la guerra civil española. Los sucesos que en *El tragaluz* tienen lugar, deben, pues, entenderse como recuperados desde el futuro (Investigadores), juzgados en el presente (espectadores) y originados en un cercano pasado. Si en las obras históricas el pasado servía como esclarecedor del presente, ahora los hechos actuales son alumbrados desde el futuro. Los Investigadores [...] posibilitan esa especie de *perspectivismo histórico* de intención crítica." (Paco 1994: 91-92)
21. "Buero utiliza en otras ocasiones lo que denominamos *perspectivismo histórico* proyectado hacia el futuro que posee, además de esa relación con lo actual, el valor fundamental de hacernos ver que la esperanza trágica planteada por el autor en sus dramas tiene a veces plena realización." (Paco 1994: 91)
22. Como lo expresa Ella metafóricamente: "debemos mirar a un árbol tras otro para que nuestra visión del bosque [...] no se deshumanice." (Buero 1968: 292)
23. "A primera vista, mi teatro es más bien ético que moral, pero es que ésta es una de las maneras propias de trasladar el problema social al teatro. La dimensión colectiva se expresa en el teatro —y en la literatura en general— a través de personajes concretos y singulares." (Isasi 1974: 61)
24. "Escucha lo que he soñado esta noche. Había un precipicio... Yo estaba en uno de los lados, sentado ante mis pruebas... Por la otra ladera corría un desconocido, con una cuerda atada a la cintura. Y la cuerda pasaba sobre el abismo, y llegaba hasta mi muñeca. Sin dejar de trabajar, yo daba tironcitos ... y lo iba acercando al borde. Cuando corría ya junto al borde del mismo, di un tirón repentino y lo despeñé." (Buero 1968: 310) Hacia el final de la obra, Mario le confiesa a Encarna: "¡Yo lo maté! [...] A mi hermano [...] Lo fui atrayendo ... hasta que cayó en el precipicio [...] Acuérdate del sueño que te conté." (Buero 1968: 356)
25. "A mi juicio, el meollo de lo trágico es la esperanza o, si se desea plantearlo con mayor exactitud, es la problemática de la esperanza [...] La postulación de la esperanza es esencial en la tragedia", expone el autor. (Isasi 1974: 59-60)

BIBLIOGRAFÍA

Buero Vallejo, Antonio
    1968   *El tragaluz, Hoy es fiesta, Las Meninas*. Madrid: Taurus (El mirlo blanco).
    1971   *El concierto de San Ovidio, El tragaluz*. Madrid: Castalia (Clásicos Castalia).
    1976   *La doble historia del doctor Valmy, Mito*. Madrid: Espasa-Calpe (Selecciones Austral).
    1986   *El tragaluz*. Madrid: Castalia (Castalia didáctica).
    1994   *Obra completa* (edición crítica de Luis Iglesias Feijoo y Mariano de Paco). 2 vols. Madrid: Espasa Calpe.
    1999   *Misión al pueblo desierto*. Madrid: Espasa Calpe (Col. Austral).

Doménech, Ricardo
    1971   'Introducción.' En: Buero Vallejo 1971: 7-53.

Fernández Santos, Ángel
    1968   'Una entrevista con Buero Vallejo sobre *El tragaluz*.' En: Buero Vallejo 1968: 64-78.

Floeck, Wilfried
    2003   *Estudios críticos sobre el teatro español del siglo XX*. Tubinga, Basel: A. Francke Verlag.

García Barrientos, José Luis
    1986   'Introducción.' En: Buero Vallejo 1986: 8-56.

Halsey, Martha T.
    2001   'Espacio abierto y visión dialéctica en el teatro de Buero Vallejo.' En: Paco, Mariano de y F.J. Díez de Revenga 2001: 51-70.

Iglesias Feijoo, Luis
    1982   *La trayectoria dramática de A. Buero Vallejo*. Santiago de Compostela: Secretariado de Publicaciones de la Universidad.

Iglesias Feijoo, Luis y Mariano de Paco
    1994   'Introducción.' En: Buero Vallejo 1994, IX-LI.

Isasi Angulo, Amando Carlos
    1974   *Diálogos del teatro español de la postguerra*. Madrid: Editorial Ayuso (Col. Fuentetaja).

O'Connor, Patricia W.
    1996   *Antonio Buero Vallejo en sus espejos*. Madrid: Fundamentos.

Oliva, César
    1989   *El teatro desde 1936*. Madrid: Alhambra (Historia de la literatura española actual, 3)

Paco, Mariano de
    1994   *De re bueriana (Sobre el autor y las obras)*. Murcia: Universidad de Murcia (Secretariado de Publicaciones).

Paco, Mariano de y Francisco J. Díez de Revenga (eds.)
    2001   *Antonio Buero Vallejo, dramaturgo universal*. Murcia: Cajamurcia (Obra cultural)

Quinto, José M. de
    1967   '*El tragaluz*, de Buero Vallejo.' En: *Insula* 252: 15.

Rodríguez Richart, José
    1982   'Un aspecto en la evolución de la creación dramática de A. Buero Vallejo.' En: *Iberoromania* 16: 84-94.

Ruiz Ramón, Francisco
    1975   *Historia del teatro español. Siglo XX*. Madrid: Cátedra.

Serrano, Virtudes y Mariano de Paco
    1999   'Introducción.' En: Buero Vallejo 1999, IX-LVII.

Maarten Steenmeijer
Radboud Universiteit Nijmegen

LEER AL CALOR DE LA EVOLUCIÓN: LA NARRATIVA ESPAÑOLA ACTUAL

Artículo reseña de M. Mar Langa Pizarro, *Del franquismo a la posmodernidad: la novela española (1975-1999). Análisis y diccionario de autores.* Alicante: Publicaciones de la Universidad de Alicante, 2000, de José María Pozuelo Yvancos, *Ventanas de la ficción. Narrativa hispánica, siglos XX y XXI.* Barcelona: Ediciones Península, 2004, de Fernando Valls, *La realidad inventada. Análisis crítico de la novela española actual.* Barcelona: Crítica, 2003 y de Juan Antonio Masoliver Ródenas, *Voces contemporáneas.* Barcelona: Acantilado, 2004.

No hay una historia de la literatura. Hay muchas o, lo que es decir casi lo mismo, no hay ninguna ya que todas ellas –incluidas las que no se han escrito o las que quedan por escribirse– son hipotéticas, subjetivas, incompletas. Las razones no son difíciles de idear. Empezando con los propios textos, es obvio que su selección y su análisis, interpretación y evaluación varían por definición. Gustos y miopías aparte, la selección de lo que se incluye y de lo que se excluye depende de distintos criterios y parámetros: ideológicos, lingüísticos, geográficos, programáticos, histórico-literarios. Más que necesarios, estos criterios y parámetros son inevitables, puesto que abarcarlo todo sería imposible dado que nuestro pensamiento (tanto de los historiadores como de los lectores) no está regido por la omnisciencia sino por el perspectivismo. No somos Funes, el memorioso, somos Borges que se horroriza enfrentado con la visión totalizadora que ofrece el aleph, aunque no deja de ser cierto que "cuantas más perspectivas adopte el historiador, más capacitado estará para comprender los entresijos de la historia", como asevera Nil Santiáñez en *Modernidad, historia de la literatura y modernismos* (2002), un intento valiente, ambicioso, riguroso y, quizás, algo rígido de modernizar las anticuadas prácticas de la historiografía de la literatura española a raíz del famoso modelo de los tres ritmos históricos propuestos por Fernand Braudel (la duración larga, la duración media y la duración corta).

Como ejemplifican los historiadores de la literatura española – que suelen seguir trabajando con modelos exclusivamente cronológicos, lineales y generacionales – los seres humanos somos serviciales y emuladores. De ahí la insistencia en la tradición, de ahí la persistencia del canon, de ahí la defensa de un patrimonio literario que, según se supone, transciende su lugar y tiempo de origen, que tendría una potencia semántica inagotable y expresaría verdades universales. Esto no quita para que no sólo el contenido sino también el propio concepto del canon haya perdido mucho prestigio y autoridad en el curso de las últimas décadas. Ahora ya no se considera el canon como un hecho evidente sino como una construcción vertebrada en torno a valores morales, posturas ideológicas y cosmovisiones específicas que confirman y apoyan los de un país, de una cultura o de una civilización más que los critican y relativizan, como pretende el paradigma romántico que ha dominado –y sigue dominando– el discurso literario-cultural occidental de los últimos siglos. En este mismo marco revisionista operan el postcolonialismo y los estudios subalternos al centrarse en los discursos excluidos, sofocados o escamoteados por la cultura hegemónica de Occidente.

También hace falta destacar la emancipación del lector común respecto al lector privilegiado realizada en los estudios histórico-literarios, así como la reivindicación de la literatura escrita por mujeres, que, como se supone, sería subvalorada y marginada por una cultura dominada por discursos patriarcales. Un ejemplo reciente de esta última vertiente revisionista lo encontramos en *A New History of Spanish Writing. 1939 to the 1990s* en que se defiende la tesis de que autoras como Elena Quiroga, Ana María Matute y Carmen Martín Gaite han sido infravaloradas al ser (auto)denominadas 'chicas raras' y, así, ubicadas a la periferia de un programa literario determinado por autores del sexo dominante como Cela y Goytisolo. (Perriam, 2000) En realidad, como afirman los autores de *A New History of Spanish Writing,* las narraciones de Quiroga, Matute y Martín Gaite son pioneras en sus exploraciones de la subjetividad e identidad y en sus experimentaciones performativas.

En resumen: la literatura entendida como un corpus de textos con valores estéticos específicos y privilegiados ha perdido su monopolio. Como discurso cultural que merece o necesita ser estudiado, la literatura 'alta' va cediendo terreno a la literatura popular, la literatura infantil, los textos periodísticos, los documentos, etcétera. Casi suena a paradoja el hecho de que este nuevo concepto de literatura como el conjunto de textos culturales roza con el concepto antiguo que entendía la literatura como "el conjunto de las ciencias transmitido en forma escrita". (Mainer 2000: 161)

Si es fundamental subrayar los importantes cambios en las ideas y las apreciaciones respecto a la literatura como 'texto' que se han producido durante las últimas décadas en el marco de los estudios historiográfico-literarios, también cabe recalcar el creciente interés por el 'contexto'. Los textos literarios se escriben, se editan, se difunden, se publican, se discuten, se compran y se leen en circunstancias específicas que difieren según el lugar y el tiempo. Se trata de circunstancias complejas en que entran en juego factores sociales, demográficos, políticos, económicos, culturales y lingüísticos, todos ellos relevantes en el complicado 'sistema literario', para manejar el término algo aséptico acuñado por Even-Zohar. Como puede apreciarse, también a este respecto queda contrariado el paradigma romántico del autor inspirado que comunica con un público privilegiado y de la literatura como un fenómeno único e irreductible. Según las propuestas más recientes sólo es posible tener una idea cabal de la literatura en ciertos tiempos y espacios, de sus programas, de su producción, de sus características, de sus funciones, de sus significaciones y de sus competencias a base de un enorme trabajo interdisciplinario llevado a cabo por especialistas en literatura, historiografía, sociología, economía y psicología. Pero por muy polifacético y extenso que sea, este trabajo será, por definición, incompleto. Si ya es imposible saber con precisión lo que es la literatura actual, se revela aún más difícil saber lo que fueron las literaturas del pasado. Esta afirmación no es una defensa de la arbitrariedad o la aleatoriedad y menos aún una resignación ante la imposibilidad de la historiografía. No es cierto que 'todo valga' y tampoco lo es que sean inútiles los intentos de conocer el pasado literario, no sólo en aras de las presuntas identidades culturales y nacionales específicas abrazadas con pertinencia sino, sobre todo, en función de nuestra identidad humana. Aún a riesgo de caer en la falacia romántica me atrevo a asegurar que si por una parte la lengua (y el pensamiento, la conciencia y la memoria consubstanciales a ella) es nuestra seña de identidad más distintiva, por otra la literatura es su expresión más refinada, más ambigua, más elaborada, más específica, más variada, más compleja, es decir, más 'completa'.

A pesar de la imposibilidad de escribir historias de la literatura –o de la imposibilidad de la memoria, como diría José María Merino– es de estimar, pues, que se sigan escribiendo historias de la literatura, aunque me apresuro a añadir que en el mundo académico se ha convertido en una costumbre tan pertinaz como lamentable teorizar mucho sobre la historiografía literaria sin dar el siguiente paso, tan necesario como útil: pasar a la práctica. Es de apreciar, pues, el esfuerzo de M. Mar Langa Pizarro, autora de *Del franquismo a la posmodernidad: la novela española (1975-1999)*, publicado por la universidad de Alicante, donde la autora leyó su tesis doctoral en 2001. Como explica en el prólogo, el libro "trata de explicar lo que ha sucedido en la narrativa española desde 1975" (11). Es reveladora la manera como ha procedido la autora al principio y como luego ha tenido que adaptar su propósito y su estrategia. "Para lograrlo", dice Langa Pizarro, "pasé años elaborando fichas... y acabé por resignarme a admitir que resulta imposible conocer todo lo que se está publicando en nuestro país." (Ibídem) La estructura del libro reproduce el cambio de procedimiento (sin que, como luego se verá, éste haya resultado en un cambio de fondo). La segunda parte refleja claramente el método de trabajo de la autora, que ha resultado en un inventario muy útil de más de cuatrocientas entradas en que están reunidos los datos enciclopédicos más importantes de otros tantos autores. Gracias a ellos, *Del franquismo a la posmodernidad* resulta ser un libro de consulta tan extenso como útil que ojalá se publique en internet para que los numerosos interesados dispongamos de una fuente que, con el apoyo y la ayuda de sus usuarios, podría ser actualizada continuamente y, asimismo, corregida debidamente. Se trata de una tarea imprescindible para que Aliocha Coll, que se suicidó en París en 1990, descanse en paz en lugar de seguir residiendo en París, como sostiene el inventario. Y, asimismo, para que ya no quede atribuido al poeta Leopoldo Alas (1962) el libro de relatos *Señor y lo demás son cuentos,* cuyo título correcto es *El Señor, y lo demás son cuentos* y cuyo autor es el otro Leopoldo Alas, 'Clarín'. Y para que, por poner un último ejemplo, se corrijan errores de detalle como son *Literatura y fantasía,* título anodino de un libro de artículos de Javier Marías que en realidad se llama *Literatura y fantasma,* y la afirmación de que *Corazón tan blanco* del mismo autor "tuvo una polémica adaptación al cine titulada de *El último viaje de Robert Rylands*" (192), película que está basada, en realidad, en *Todas las almas,* la novela de Oxford del autor madrileño.

La autora no explicita los criterios que ha manejado para la selección de autores incluidos en su inventario, pero dada la extensión del mismo cabe barruntar que ha intentado hacerlo lo más completo posible, en función del propósito de la primera parte que consiste en dar "una visión de conjunto de lo que ha sucedido en la novela española durante la democracia" (11). Es de lamentar que la autora apenas elabore esta afirmación y no aclare los puntos de partida teóricos y prácticos que le han servido de hilo conductor al pensar y organizar esta parte de su libro, la histórico-literaria propiamente dicha. Su enfoque es de corte tradicional (adjetivo que manejo sin connotaciones peyorativas), ya que se centra en los 'textos'. Ello no le impide hacer algunas excursiones a los 'contextos' (el mundo editorial, los lectores, la crítica, las revistas, los premios), para lo cual se ha contentado con basarse en un solo estudio: *Narrativa o consumo literario (1975-1987)* (1990) de Ramón Acín. Esto trae como consecuencia una doble e injustificable miopía puesto que así se limita a un solo punto de vista prestado, y, además, porque el estudio abrazado sólo cubre parte del periodo que ocupa a Langa Pizarro.

En lo tocante a los análisis de los textos, la diversidad de fuentes manejadas por la autora es mucho más amplia y variada, como se puede comprobar, asimismo, en la competente bibliografía al final del libro (donde falta, desgraciadamente, un índice onomástico). A este respecto, la autora se muestra bien preparada para su tarea. No se puede sostener lo mismo a la hora de juzgar su capacidad de analizar, comparar, sintetizar y evaluar el material reunido. La historia de la novela española postfranquista que ofrece Langa Pizarro no es una visión de conjunto, sino una sucesión de afirmaciones mal digeridas en las cuales se revela la impotencia de una autora que más que elaborar su fichero lo copia. Además –y esto es lo más grave– el lector que espere "una visión de conjunto" quedará defraudado perdiéndose en un laberinto de definiciones, opiniones y aseveraciones que se repiten, se contradicen, se confunden, se embrollan, se embarullan, se trastrocan y se trasvasan. Detengámonos en algunos pasajes concretos. En un apartado del capítulo 'La novela en la democracia: 1982-99' la autora distingue a los escritores según tres criterios: la edad, el sexo y los 'criterios geográficos' sin motivar la relevancia de estas categorías. De este modo, el apartado peca de gratuito (ante todo en el subapartado dedicado a los autores distinguidos por 'criterios geográficos', en que sólo se habla del grupo leonés) o de erróneo:

> La generación de la guerra está integrada por novelistas que nacieron alrededor de 1936, por lo que se trata de escritores que conocieron la guerra, [...] como G. Torrente Ballester, C. José Cela y M. Delibes (49).

La cita no es rebuscada, como ejemplifican afirmaciones imprecisas o vacuas o incluso incomprensibles como éstas:

> (...) sólo podemos concluir que la literatura posmoderna se centra en lo cotidiano, lo erótico y lo callejero [...]. (55)

> Como dice Murillo (*Los nuevos nombres: 1975-1990*), llamar 'light' a esta literatura es ignorar que la tarea pendiente del marxismo fue el sujeto. Un sujeto que para Lacan tiene estructura de ficción. (61)

> [los mejores nuevos narradores] sólo recurren al experimentalismo formal si les es útil (...) no dudando en desarrollar temas irrelevantes, humor y desenfado, para contactar con el lector. (63)

> La temática [de la ficción erótica española] es heterosexual, homosexual, lesbiana, onanista, incestuosa, matrimonial, zoofílica... pero siempre excepcional. (78)

No sería difícil añadir toda una serie de errores y fallos (Steiner en vez de Steinbeck [17], Patricia Waug [Waugh, 70], Robbert C. Spires [Robert, 71]) pero para evitar el aburrimiento me limito a destacar lo que más molesta, y es que Langa Pizarro no pare de encadenar definiciones y catalogaciones sin analizarlas, sin compararlas, sin sintetizarlas, por lo cual el resultado es confuso para un lector informado, por no hablar del lector no iniciado, o sea, el destinatario primordial de este libro presuntamente introductorio e informativo.

Aparte de las deficiencias que muestra la autora (en primer lugar, su falta de rigor analítico y sintético) el problema reside en el propósito que está a la base de su libro: ofrecer una visión completa de la narrativa postfranquista. Es una tarea imposible, ya que al historiador o al equipo de historiadores –por numerosos y capacitados que sean– no le queda otra opción que optar por un enfoque (y, por consiguiente, excluir otros) y delimitar el fenómeno que quiere estudiar (es decir, pasar por alto otros). Tratándose de los historiadores de la literatura se podría añadir que resulta casi imposible no tener en cuenta el canon, no por ser un fenómeno indiscutible –no lo es, claro está – sino porque ha tenido (y tiene) una presencia primordial en las maneras que hemos desarrollado para entender el sistema literario. Aparte de razones políticas, ideológicas, éticas y estéticas –todas discutibles, pero no por ello muy persistentes– son decisivos aquí los motivos pragmáticos y didácticos: si por una parte no es posible abarcarlo todo, por otra es imprescindible establecer un marco literario-historiográfico.

Quizás no sería exagerado decir que el canon es como Dios: muchos dicen que ha muerto y sin embargo sigue ocupándonos y preocupándonos. Volvamos a poner por caso *A New History of Spanish Writing. 1939 to the 1990s* cuya estructura no es cronológica sino temática y cuyo corpus no sólo incluye textos literarios sino también textos periodísticos, comics, documentos eclesiásticos, literatura infantil y graffiti. Es de notar, sin embargo, que esta historia, por pionera y atípica que sea, se inicia con un capítulo en que se pasa revista en orden cronológico a los desarrollos históricos y literarios más importantes (es decir, canónicos), base didáctica o incluso metodológica imprescindible.

Los tres volúmenes que me ocupan en lo que sigue –*Ventanas de la ficción. Narrativa hispánica, siglos XX y XXI* de José María Pozuelo Yvancos, *La realidad inventada. Análisis crítico de la novela española actual* de Fernando Valls y *Voces contemporáneas* de Juan Antonio Masoliver Ródenas– no pretenden ser que historias de la literatura. A primera vista, dan la impresión de ser recopilaciones de textos escritos en su origen por otros motivos (conferencias para congresos, artículos y reseñas para periódicos y revistas, etcétera). Y, por cierto, es innegable que lo son. Pero también lo es que son más que esto: en su conjunto estos textos recopilados dan voz a tres críticos que procuran entender y evaluar la narrativa española contemporánea. No creo errar al sostener que la siguiente afirmación de Fernando Valls también vale para José María Pozuelo Yvancos y Juan Antonio Masoliver Ródenas:

> No sé si puede historiarse la literatura actual, pero si la crítica es un método de conocimiento, debería servir para valorar y jerarquizar la producción artística del momento, siempre que no se olvide y que seamos muy conscientes de que estos pareceres, más que ningún otro sobre el hecho literario, están sujetos a cambios y nuevas consideraciones. (21)

Teniendo en cuenta el carácter provisional que tienen por definición los juicios sobre la literatura coetánea no me parece arriesgado afirmar que estas recopilaciones transcienden el estatus que suele atribuírseles –el de ser volúmenes ocasionales– para convertirse en libros tan valientes como necesarios a la hora de comprender la literatura actual.

Como señalan en más de una ocasión Pozuelo Yvancos, Valls y Masoliver Ródenas, los textos y autores comentados en sus libros no aspiran a representar el canon de la narrativa española contemporánea. No es que no se atrevan a pronunciarse al respecto, pero dado el carácter heterogéneo de los libros y las diversas procedencias de los textos incluidos resulta inevitable que, como recalcan los propios críticos, existan importantes vacíos. El ejemplo más llamativo es el de Eduardo Mendoza, uno de los autores actuales más importantes en cuya obra no se profundiza en ninguno de los tres libros comentados.

Es importante señalar que los tres críticos que me ocupan aquí se encuentran a caballo entre la crítica académica y la crítica periodística. De los tres, Pozuelo Yvancos –catedrático de la universidad de Murcia– es el más 'académico'. Muchos de los artículos reunidos en *Ventanas de la ficción* se centran en un tema o enfoque o problema teórico, como es el caso del artículo con el que abre el libro, un estudio comparativo entre las ideas sobre la novela desarrolladas por Ortega y Bajtin en el contexto de la crisis artística en el mundo occidental entre 1915 y 1935. El acercamiento del teórico ruso y del filósofo español es tan interesante como sorprendente, lo que también vale para el párrafo que cierra este capítulo, en que Pozuelo Yvancos propone *El Quijote* como raíz común de los dos pensadores.

Es sobre todo en los artículos centrados en autores hispanoamericanos donde Pozuelo Yvancos plantea problemas teóricos, entre los cuales destacan los que versan sobre el género del cuento. Es de recalcar que el catedrático murciano, al estudiar el 'conservadurismo genérico' del cuento, no sólo profundiza en las ideas elaboradas por importantes estudiosos (Baquero Goyanes, Anderson Imbert, Gonzalo Sobejano, Fernando Valls) sino asimismo en las de autores clásicos como Poe, Quiroga, Cortázar, Chéjov y Monterroso. En otro artículo que vale la pena destacar el catedrático murciano rastrea la magia del realismo garciamarquiano revelando y detallando la importantísima presencia –tanto al nivel estilístico como semántico– del cuento tradicional (popular).

Uno de los atractivos de *Ventanas de la ficción* es la gran curiosidad por la teoría literaria desarrollada en el curso del siglo XX que palpita en el libro y la confianza que el autor muestra en su utilidad y sus posibilidades como herramientas analíticas e interpretativas, sin que ello le impida criticar "la actual situación de ensimismamiento e hipertrofia de los lenguajes teóricos" (109).

Si a la notable concentración en la teoría literaria se suman el largo período de gestación de los textos incluidos (1989-2003) y la agradecida falta de dogmatismo del autor, *Ventanas de la ficción* –además de ser una interesante recopilación de artículos y reseñas– se revela como una 'educación crítica'. Si no me equivoco, en el curso de los quince años de gestación de estos textos Pozuelo Yvancos se ha ido liberando cada vez más de lo que en *Del formalismo a la neorretórica* (1988) ya calificó como el "síndrome autofágico de la teoría". A este respecto, son de destacar algunos planteamientos que formula el autor en el prefacio:

> Estoy íntimamente convencido de que el futuro de la teoría literaria tiene que ver mucho más con su capacidad para ilustrar con sus propuestas las lecturas concretas de las obras, que con su capacidad para definirse como ámbito puramente especulativo (...). Mi propuesta en este libro tiene que ver por tanto con una interdependencia notable entre el pluralismo metodológico (que entiendo anejo a una actividad teórica realmente viva) y una movediza y muy saludable variedad de registros, temas, tono y formas adoptados por la narrativa hispánica en los últimos veinte años. (10)

Las actividades como crítico periodístico desarrolladas por Pozuelo Yvancos (colaborador fijo del suplemento cultural de *ABC*; véase la última sección de *Ventanas a la ficción*) me parecen importantes o incluso decisivas en la educación crítica señalada que ha desembocado en una pluriformidad de intereses, enfoques y lenguajes en que el eclecticismo y la comunicación con el lector resultan perfectamente compatibles con el rigor académico.

Fernando Valls (profesor de literatura de la Universidad Autónoma de Barcelona y director de la revista de literatura *Quimera*) no esconde su formación académica ni lo que debe a ella y, en particular, a Francisco Rico. Sus intereses, su enfoque y su estilo, empero, difieren considerablemente de los de Pozuelo Yvancos. Lo que ambos críticos tienen en común es un empedernido interés por los posibles significados de la narrativa española y, en particular, la contemporánea. Pero si Pozuelo Yvancos tiende a profundizar en problemas teóricos y no vacila en acudir a la jerga correspondiente, Valls prefiere centrarse de forma más concreta en los textos y en sus contextos (literarios, históricos, sociológicos). Veamos cómo caracterizan los dos la narrativa española actual en términos sintéticos. Según Pozuelo Yvancos, éstos son sus rasgos esenciales:

1. Heteroglosia y multiplicidad de normas y modelos estéticos.
2. Fungibilidad y mercado editorial.
3. Predominio de la privacidad.
4. Desconfianza hacia la 'literariedad'.
5. Carácter metaliterario y subrayado de la convención. (46)

Los términos en que Valls sintetiza la prosa narrativa española actual tienen otro tinte:

> Sus rasgos característicos (...) son: la libertad estética; la simultaneidad –que no siempre la armoniosa convivencia– de escritores de varias generaciones publicando obras de muy distinto alcance e interés; la madurez, o reconocimiento definitivo, de unos cuantos nombres que empezaron a publicar durante los últimos años de la dictadura franquista; la reciente aparición de una nueva hornada de autores que parecen –no todos, por fortuna– más interesados y formados en los medios audiovisuales que en la tradición literaria y cuya prosa se encuentra más emparentada con el esquematismo propio del guión cinematográfico que con la musculatura de la prosa narrativa; y el renacimiento, la consolidación o el surgimiento de géneros tratados a veces como menores, incluso por los propios escritores, como el cuento y el microrrelato, el artículo literario, el diario, las memorias y los libros de viajes. (27)

Lo que más llama la atención es la diferencia de estilo, pues si Pozuelo Yvancos se dirige más bien a los iniciados acudiendo a un vocabulario especializado, Valls intenta comunicar con un público general de interesados eludiendo términos técnicos. La distinción se vincula con las diferencias de enfoque e interés. Como ejemplifican los análisis detallados y las digresiones teóricas y técnicas, el discurso crítico de Pozuelo Yvancos es inequívocamente académico con raíces profundas en los planteamientos teóricos desarrollados por el formalismo, el estructuralismo y el postestructuralismo. El enfoque de Valls es más panorámico, más sociológico, más histórico y, quizás, más periodístico (palabra que para mí no tiene ninguna connotación negativa). "Me gusta fantasear que soy un médico dedicado únicamente a auscultar esas almas turbias y vigorosas que son la sustancia principal de las buenas obras literarias. Más que nada, para darme la satisfacción de pronosticarles una excelente salud literaria", como dice el crítico (161), que en el prólogo ya confiesa leer "las novelas contemporáneas al calor de la evolución del género (...)" (11).

Los textos de Valls revelan un gran apego por la literatura coetánea y la actualidad literaria que queda reflejado en su juicio de que "en ningún momento del siglo pasado, como en sus tres últimas décadas, la novela española ha dado obras de tanta calidad y ambición" (12) e incluso "vive un momento brillante" (76) gracias a autores como Javier Marías, Juan José Millás, Álvaro Pombo, Enrique Vila-Matas, Luis Mateo-Díez, Antonio Muñoz Molina y otros autores comentados en este "volumen algo atípico" (9).

El entusiasmo de Valls no es incondicional, ni mucho menos. Así, no vacila en criticar sin rodeos la crítica literaria española (o, mejor dicho, la falta de ella) y el clima corrompido en que se desarrolla. Le molesta, asimismo, la moda de desdeñar la literatura autóctona y de admirar todo lo que viene del extranjero, perversión que se manifiesta en el 'boom' de traducciones. Como dice Valls de modo ingenioso y burlón, "con las traducciones hemos pasado de la anorexia de la posguerra a la bulimia actual" (41). Otra bestia negra del crítico barcelonés son "esos autores a quienes los medios suelen llamar 'escritores jóvenes'" que a su modo de ver "son un fenómeno de consumo, 'literatura kleenex', de usar y tirar, bendición de un día, pero sin huellas que permanezcan" (77). Le fastidian, asimismo, "los escritores vanidosos adecuados, rancia especie que nunca falta y cuyos mejores representantes entre nosotros son hoy personajes como Fernando Sánchez Dragó, Juan José Armas Marcelo y Juan Manuel de Prada" (10).

Como muestran estas afirmaciones Valls no tiene pelos en la lengua, lo que es de agradecer y de admirar teniendo en cuenta que entre los críticos literarios españoles son mucho más frecuentes las vaguedades rimbombantes y las abstracciones vacías que los análisis rigurosos, las interpretaciones sensitivas y las valoraciones sinceras.

No cabe duda de que *La realidad inventada* es un libro heterogéneo poblado de textos programáticos, textos panorámicos, estudios centrados en obras de conjunto o en cierta temática y que termina, como el libro de Pozuelo Yvancos, con una pequeña antología de reseñas. Igual de cierto es que a autores como Enrique Vila-Matas, Álvaro Pombo y Justo Navarro les habría correspondido más atención de la que Valls les ha podido dedicar. Pero todo ello no es obstáculo para que *La realidad inventada* –que cierra con una excelente bibliografía general– sea una guía apasionante gracias a la voz erudita, apasionada y valiente de su autor.

Son adjetivos que valen, asimismo, para *Voces contemporáneas* de Juan Antonio Masoliver Ródenas, catedrático de literatura española y latinoamericana de la Universidad de Westminster (Londres), cuya carrera como crítico literario abarca un periodo de más de treinta años, durante el cual se ha convertido en uno de los valores más consistentes de la crítica literaria española contemporánea escribiendo miles de páginas para *La Vanguardia* (en que colabora desde hace principios de los años setenta) y para revistas como *Camp de l'Arpa, El Urogallo, Vuelta, Ínsula, Quimera* y *Letras Libres*. En *Voces contemporáneas* Masoliver Ródenas ha reunido una selección generosa y bien motivada de los centenares de textos escritos en el periodo indicado. Como insiste el autor en el prólogo, el conjunto no pretende ser una historia de la literatura sino "un panorama de los últimos treinta años de narrativa española en castellano" (11) en el cual se ha limitado a incorporar artículos sobre los escritores que a su juicio "han ofrecido algo realmente nuevo, una nueva voz a la antiquísima voz de la literatura" (13). Como explicita en el mismo lugar y como recalca a lo largo de todo el libro, el autor rehusa una postura académica. Así, en la página 367 asocia la universidad con la "estéril erudición" y, en la página 459, a los académicos con la ansiedad por "integrarse en la dinámica literaria". Este "recelo ante lo académico" (15) explica la falta de notas a pie de página, que, dicho sea de paso, abundan en el libro de Valls sin que estorben su lectura, que incluso resulta ser más fácil que la de *Voces contemporáneas* pues no por compartir una gran pasión por la narrativa actual los discursos de los dos autores dejan de marcar una notable diferencia. Los textos de Masoliver Ródenas tienden a ser densos y sólo revelarán su mérito a los iniciados y ello, claro está, no por su perspectiva académica –caso del libro de Pozuelo Yvancos– sino por su postura y tono ensayísticos o, si se quiere, literarios. Masoliver Ródenas aspira a lo que llama una "crítica ideal", por lo cual entiende una crítica ecléctica que "aprovecha las distintas posibilidades" (sin excluir, al fin y al cabo, la vertiente académica, si no me equivoco), que invita a leer y entre cuyas tareas básicas figura la "depuración", por "difícil e imprescindible" que sea (11-12).

En la primera sección ('Panoramas') el autor concretiza las bases temáticas y programáticas de su libro. El último capítulo de esta sección, 'La actual novela española: ¿de nuevo el desencanto?', es el más reciente, el más largo y el más importante del libro, que, a diferencia de lo que el lector esperaría a raíz de las afirmaciones en el prólogo, no sería imposible leer como una historia de la narrativa española después de la guerra civil. En ella, Masoliver Ródenas distingue tres periodos. La primera, que empieza con *La familia de Pascual Duarte* (1942) de Camilo José Cela y que desemboca en el 'boom' de la narrativa española en los años sesenta, queda calificada como "inmóvil", término nada despectivo ya que sólo refiere al hecho de que sus autores, con la excepción de Juan Benet, "han dejado de ejercer la mínima influencia" (37). La segunda etapa es la de los novísimos, miembros de una generación con una sensibilidad más europea que española. Se trata de "hijos del encanto" cuya obra, después de una fase eufórica y lúdica en que se celebra el arte, va a marcarse por el desencanto y, luego, por una actitud más bien ética.

Así como este capítulo panorámico, el libro en su conjunto se centra en los novísimos o, para ser más específico, en sus representantes más interesantes, que son Javier Marías, Félix de Azúa, Álvaro Pombo, Enrique Vila-Matas, Juan José Millás, Justo Navarro y Antonio Muñoz Molina (postnovísimos más que novísimos los dos últimos). A diferencia de autores como Luis Martín-Santos, Juan Goytisolo y Juan Marsé, los novísimos no se enfrentan al realismo sino que simplemente lo ignoran para "regresar a la libertad inicial de la novela, la que encontramos en *El Quijote*" (104) y, de este modo, marcan el nacimiento de la novela contemporánea española. Comentando *Los disparos del cazador* de Rafael Chirbes (un autor muy afín a los novísimos a despecho de su programa realista, según el crítico) Masoliver Ródenas resume sus rasgos más importantes contrastándola con el realismo costumbrista, social y experimental:

> El humor crítico, cuando lo hay, se ve sustituido por la ironía, el documento por los halagos de la imaginación, las razones históricas que explican el presente por los laberintos del tiempo que recorremos, iluminados o cegados por los recuerdos, la memoria y el olvido, la presencia opresora de la realidad por la incertidumbre y la indagación, en un universo poblado de espectros y de espejos. La narrativa contemporánea rechaza el experimentalismo y si pone en entredicho la linealidad no la rechaza completamente: el escritor encuentra un compromiso entre las exigencias del relato (contar una historia) y la libertad de la invención. Añado un último rasgo: el creciente interés por regresar a las raíces de nuestra educación sentimental y social: los años del franquismo. (425)

La tercera etapa que distingue Masoliver Ródenas está dominada por el grupo de autores conocidos más comúnmente como la Generación X pero que el crítico prefiere denominar 'el grupo Nirvana' por la admiración de sus miembros por Kurt Cubain, el cantante del grupo grunge Nirvana que se suicidó en 1994. La característica más esencial de este grupo de autores sería su rechazo de la tradición cultural y su identificación con la contracultura, por la cual el crítico entiende, si no me equivoco, lo que en círculos académicos suelen llamar la 'low culture'. Sus representantes más conocidos son Ray Loriga, Benjamín Prado, Francisco Casavella y José Ángel Mañas, autores a los que Masoliver Ródenas, a diferencia de Fernando Valls, no se niega a comentar en su libro aunque sin dejar de aclarar su opinión de que sus trayectos narrativos son desequilibrados y mucho menos interesantes que los de los novísimos por pecar sus rasgos temáticos y estilísticos de obvios y reiterativos. Mención aparte en este contexto merece Mariano Antolín Rato, autor pionero que inaugura la novela de la contracultura sin rechazar la cultura y que, al juicio del crítico, no ha recibido la atención y el reconocimiento debidos, lo que explica que el crítico lo haya incluido entre los autores más profundizados en este volumen.

Una de las características más apreciadas de Masoliver Ródenas es su afán de distinguir entre lo que vale la pena y lo que no vale la pena sin caer en la rigidez generacional o programática, como queda ejemplicado en las páginas dedicadas al grupo Nirvana y, asimismo, en los comentarios empáticos dedicados a Almudena Grandes, a pesar de que la autora de *Malena, es un nombre de tango* escriba libros que pertenecen a una categoría aborrecida por el crítico: los bestsellers.

Pasión, curiosidad, depuración: se trata de requisitos fundamentales de la crítica literaria pero, desgraciadamente, nada frecuentes en la crítica española contemporánea. Agradezcamos, pues, esta voluminosa (y, en algunas partes, algo repetitiva) recopilación de artículos muy afín, en su esencia, a la de Pozuelo Yvancos y la de Valls e igual de imprescindible para comprender la(s) historia(s) de la narrativa española actual.

BIBLIOGRAFÍA

Mainer, José-Carlos,
    2000   *Historia, literatura, sociedad (y una coda española)*. Madrid: Biblioteca Nueva.

Perriam, Chris, Michael Thompson, Susan Frenk y Vanessa Knights
    2002   *A New History of Spanish Writing. 1939 to the 1990s.* 2ª edición. Oxford: Oxford University Press.

Santiáñez, Nil,
    2002   *Modernidad, historia de la literatura y modernismos*. Barcelona: Crítica.

RESEÑAS

Eva Francisca Navarro Martínez, *La nueva novela española en la última década del siglo XX*. Amsterdam: Universidad de Amsterdam, 2002.

Eva Navarro Martínez se acerca a algunas novelas que forman parte de la llamada Generación X, estudiando sobre todo a José Angel Mañas y a Ray Loriga. Las novelas que trata tienen en común "la recreación de ambientes juveniles, el tratamiento de la música y los audiovisuales, un lenguaje coloquial (en ocasiones malsonante), haberse apartado de los cánones literarios establecidos y haber creado un público joven" (32). Su objetivo consiste en ver cómo se reflejan en estas novelas los contextos culturales y sociales del mundo contemporáneo (léase dominado por la 'cultura' audiovisual). Esboza primero el marco socio-cultural de los últimos años del siglo XX ('Contextos'). Luego se detiene en el análisis interno de las novelas ('Análisis textual') para pasar luego a la recepción de estas obras ('Los márgenes del libro').

Para la contextualización, el primer capítulo, la autora se basa en teóricos como Ballesteros (*Posmodernidad: decadencia o resistencia*), Lipovetsky (*La era del vacío*), Subirats (*La era del espectáculo*). Comenta algunas ideas posmodernas que vivimos diariamente, por ejemplo, el consumo masivo, la sociedad como simulacro, el hedonismo, el vivir en "secuencia-flash" (21), el poder de los medios de comunicación... Luego hace un repaso de las pocas críticas que existen sobre la llamada Generación X. Generalmente son no académicas y se publicaron en revistas del tipo *Ajoblanco*.

En el segundo capítulo, 'Análisis textual', la autora emprende el análisis de un corpus de novelas. En el primer apartado 'El espacio literario' ilustra ciertas técnicas recurrentes en este tipo de novelas, por ejemplo, el uso de neologismos o los juegos con la ortografía. Estudia asimismo sucintamente la intertextualidad literaria. Señala pistas interesantes, por ejemplo, la relación con la picaresca cuya profundización hubiera podido arrojar una luz interesante sobre este tipo de novelas (66). En el segundo apartado 'Los audiovisuales y la música', que empieza por el cine (70-87), la autora comenta relaciones pertinentes con las 'road movies', por ejemplo, que sirven para describir y sustituir a la realidad. Destaca asimismo las técnicas cinematográficas

101

como la simultaneidad o la técnica fragmentaria, que no son exclusivas de esta corriente. Luego formula algunos comentarios sobre la televisión echando mano de las teorías de Gubern. En la parte dedicada a la música y a sus héroes, nos introduce en la 'enciclopedia musical' del 'punk' y del 'house' que fascina a los personajes y establece relaciones de contenido y de forma con dichos géneros. Integra a este respecto las ideas de Mañas expresadas en su ensayo 'Literatura y punk', en el que el escritor aboga por aplicar los principios del 'punk' a la literatura. El principio 'punk' "Tú también puedes hacerlo" implicaría que todos podríamos hacer literatura (afirmación por cierto muy discutible). El tercer apartado, 'Lo social', estudia la crítica de la sociedad y la violencia, que no se manifiesta con la misma intensidad en todos los libros. De hecho, estos aspectos sólo son ilustrados por los libros de Loriga (autor quien se ha distanciado de su inclusión en la Generación X).

En el tercer capítulo 'Los márgenes del libro' la autora dedica unas breves consideraciones a la nueva novela española como fenómeno de marketing y su recepción negativa desde la Academia.

En la conclusión, la autora opina que el aporte más "novedoso" se sitúa en el nivel técnico (formal) de la aplicación de las manifestaciones audiovisuales. Sorprende esta observación, pensando que Valle-Inclán ya experimentó con técnicas cinematográficas de simultaneidad, por ejemplo. La autora rechaza la idea de que se trataría de una generación, prefiere hablar de una tendencia. Tampoco adhiere a la calificación de "realismo sucio" para este grupo alegando que existe un solo realismo y no uno limpio y otro sucio. Reivindica este tipo de libros heterodoxos que llegaron a alcanzar a un grupo de lectores jóvenes y que desmitificaron el acto de la escritura. "Por todo ello creemos que se ha hecho una lectura demasiado rápida de este tipo de narrativa, y sin haber tenido en cuenta muchos de los factores de la realidad en la que surgieron." (205)

La autora hace por tanto una defensa e ilustración de estas nuevas novelas españolas. Su contextualización e información es útil y pertinente. No obstante, vista la cantidad de novelas estudiadas presenciamos a veces un efecto de listado, una enumeración un poco apresurada que no aporta mucho a la mejor comprensión del fenómeno que una 'close reading' de determinados fragmentos acaso hubiera podido generar. El reparo más importante que quisiera formular es que falta una visión más englobadora. Pienso en tres posibles ampliaciones. En primer lugar, se podría proponer una lectura un tanto más arraigada en la narrativa española como tal. En varias ocasiones la autora advierte que ciertos procedimientos no son una novedad (44, lo coloquial), (50, lo visual), pero no comenta su eventual originalidad respecto a usos anteriores. En segundo lugar, su lectura podría entroncar más con este tipo de novelas en otras literaturas. La misma autora remite muy sucintamente a los "jóvenes caníbales italianos" (180), pero hubiera sido enriquecedor que indagara más en el fenómeno que se manifiesta tanto en Europa y Estados Unidos como en América Latina. Finalmente, es sabido que sobre el tema del impacto audiovisual se ha escrito mucho y que no se puede recurrir a todas las fuentes. No obstante, creo que determinadas observaciones de teóricos como Jesús Martín-Barbero o Beatriz Sarlo hubieran podido contextualizar verdaderamente el impacto de los medios audiovisuales, aun teniendo en cuenta el contexto específicamente español.

No cabe duda de que el libro de Eva Navarro Martínez contribuye a entender mejor el contexto de algunos de los libros de la llamada Generación X. El tiempo dirá si sobreviven estas novelas, pero me temo que no, a pesar de esta reivindicación de la nueva narrativa española.

Rita De Maeseneer
Universidad de Amberes

COLABORAN

Wilfried Floeck, Justus-Liebig Universität Giessen, Institut für Romanische Philologie, Karl Glöckner Strasse 21, Haus G, D-35394 Giessen, Deutschland.
Email: Wilfried.Floeck@romanistik.uni-giessen.de

Anita Johnson, Colgate University, Oak Drive 13, Hamilton, NY 13346, USA.
E-mail: ajohnson@mail.colgate.edu

Rita De Maeseneer, Universiteit Antwerpen-Campus Drie Eiken, Departement Letterkunde, Universiteitsplein 1, B-2610 Wilrijk, België.
Email: rita.demaeseneer@ua.ac.be

Pilar Nieva de la Paz, Instituto de Lengua Española, Consejo Superior de Investigaciones Científicas, Duque de Medinaceli 6, 28014 Madrid, España.
Email: nieva@ile.csic.es

Diana de Paco, Universidad de Alicante, Facultad de Letras, Departamento de Filología Latina, San Vicente del Raspeig, 03080 Alicante, España.
Email: Diana.dePaco@ua.es

María-José Ragué-Arias, Universidad de Barcelona, Departamento de Historia del Arte, Calle Baldiri Reixach s/n, 08028 Barcelona, España.
Email: mjraugue@wanadoo.es

José Rodríguez Richart, Universität des Saarlandes, Habichtsweg 4, D-66123 Saarbrücken, Deutschland.
Email: DJ.Guetschow@t-online.de

Maarten Steenmeijer, Radboud Universiteit Nijmegen, Romaanse Talen en Culturen, Faculteit der Letteren, Postbus 9044, 6525 HP Nijmegen, Nederland.
Email: m.steenmeijer@let.ru.nl

Mª Francisca Vilches de Frutos, Instituto de Lengua Española, Consejo Superior de Investigaciones Científicas, Duque de Medinaceli 6, 28014 Madrid, España.
Email: vilches@ile.csic.es

Títulos publicados de *Foro Hispánico*:

FORO 1 (1991): La nueva novela histórica hispanoamericana. (agotado)

FORO 2 (1991): Exploraciones semánticas y pragmáticas del español.

FORO 3 (1992): Contactos entre los Países Bajos y el mundo ibérico.

FORO 4 (1992): Discurso colonial hispanoamericano.

FORO 5 (1993): La mujer en la literatura hispánica de la edad media y el siglo de oro.

FORO 6 (1993): Aproximaciones a cuestiones de adquisición y aprendizaje del español como lengua extranjera o lengua segunda.

FORO 7 (1994): La sociedad andalusí y sus tradiciones literarias.

FORO 8 (1994): Lingüística y estilística de textos.

FORO 9 (1995): Literatura chicana.

FORO 10 (1996): Iberoamérica y el cine.

FORO 11 (1997): El relato breve en las letras hispánicas actuales.

FORO 12 (1997): Periodismo y literatura.

FORO 13 (1998): Sociolingüística: Lenguas en contacto.

FORO 14 (1999): Literaturas de España 1975-1998: convergencias y divergencias.

FORO 15 (1999): Asimilaciones y rechazos: presencias del romanticismo en el realismo español del siglo XIX.

FORO 16 (1999): 'Hechos diferenciales' y convivencias interétnicas en España.

FORO 17 (2000): Estudio analítico del signo lingüístico. Teoría y descripción.

FORO 18 (2001): Cambio de siglo. Ideas, mentalidades, sensibilidades en España hacia 1900.

FORO 19 (2001): En torno al teatro breve.

FORO 20 (2001): El pensamiento literario de Javier Marías.

FORO 21 (2002): La oración y sus constituyentes. Estudios de sintaxis generativa.

FORO 22 (2002): El laberinto de la solidaridad. Cultura y política en México (1910-2000).

FORO 23 (2003): Aproximaciones cognoscitivo-funcionales al español.

FORO 24 (2003): La literatura argentina de los años 90.

FORO 25 (2004): En el centenario de Alejo Carpentier (1904-1980).

FORO 26 (2004): Textos y discursos de especialidad: el español de los negocios.

Para suscripciones y para pedidos de números atrasados, dirigir correspondencia a la casa editorial Rodopi.

Títulos en preparación de *Foro Hispánico*:

Fronteras e interculturalidad entre los sefardíes occidentales

---

Títulos publicados de *Portada Hispánica*:

- Jean O'Bryan-Knight, *The Story of the Storyteller: La tía Julia y el escribidor, Historia de Mayta, and El hablador by Mario Vargas Llosa*.

- Antonio Pérez-Romero, *Subversion and Liberation in the Writings of St. Teresa of Avila*.

- Rita Gnutzmann, *La novela naturalista en Argentina (1880-1900)*.

- Catherine Raffi-Béroud, *En torno al teatro de Fernández de Lizardi*.

- José Aragüés Aldaz, *Deus Concionator. Mundo predicado y retórica del 'exemplum' en los siglos de oro*.

- Margot Versteeg, *De Fusiladores y Morcilleros. El discurso cómico del género chico (1870-1910)*.

- Otto Zwartjes (ed.), *Las gramáticas misioneras de tradición hispánica (siglos XVI-XVII)*.

- Joan Ramon Resina (ed.), *Disremembering the dictatorship: The politics of memory in the Spanish transition to democracy*.

- Jesus Torrecilla (ed.), *La Generación del 98 frente al nuevo fin de siglo*.

- Mercedes Maroto Camino, *Practising places: Saint Teresa,* Lazarillo *and the early modern city*.

- Ilse Logie, *La omnipresencia de la mímesis en la obra de Manuel Puig. Análisis de cuatro novelas*.

- Carmen De Mora, *Escritura e identidad criollas. Modalidades discursivas en la prosa hispanoamericana del siglo XVII*.

- Alexis Grohmann, *Coming into one's Own: The Novelistic Development of Javier Marías*.

- Paul Allatson, *Latino Dreams. Transcultural Traffic and the U.S. National Imaginary*.

- Maria Antònia Oliver Rotger, *Battlegrounds and Crossroads. Social and Imaginary Space in Writings by Chicanas*.

- Ken Benson, *Fenomenología del enigma. Juan Benet y el pensamiento literario postestructuralista.*

- Isabel Cuñado, *Espectros del pasado. La narrativa de Javier Marías.*

- Mercedes Maroto Camino, *Producing the Pacific. Maps and Narratives of Spanish Exploration (1567-1606).*

- María-José Ragué-Arias
  'Del mito contra la dictadura al mito que denuncia la violencia y la guerra'

  Durante el franquismo, los mitos griegos fueron utilizados como metáfora de la situación vivida. "Esto fue Troya", "esto es una Odisea" eran frases populares. Con la 'apertura' del franquismo y hasta los años 90, las obras eran o bien de escritura anterior o reflejaban el desencanto político. La generación que 'se hace' en los 90 y se enfrenta a una situación mundial de múltiples guerras y dictaduras, vuelve a utilizar el mito como arma contra la violencia. Entre otros, lo hacen Raúl Hernández, con una prosa poética cargada de fuerza, y Rodrigo García, quien utiliza la cotidianeidad consumista para sus creaciones escénicas.

- Diana M. de Paco Serrano
  'Mitos clásicos y teatro español contemporáneo. Identidad y distanciamiento'

  Los mitos clásicos codificados en la tragedia griega han pervivido a lo largo de la historia del teatro internacional hasta nuestros días; pero este itinerario, inevitablemente, ha provocado la transformación y la adaptación de los mismos a la pluma de cada autor y a las condiciones contextuales en que se reciben. El teatro español contemporáneo presenta numerosos ejemplos de obras de tema clásico a través de cuyo estudio se puede analizar la actitud de los autores ante la tradición mítica y los nuevos procedimientos y planteamientos de adaptación y reinterpretación de los mitos, así como los motivos que mueven a la nueva dramaturgia a recurrir a ellos.

- Pilar Nieva de la Paz
  'Las transformaciones de un antiprototipo femenino: Medea en el teatro español contemporáneo'

  El personaje mítico de Medea, tradicionalmente presentado como un antiprototipo femenino –la mujer sabia, valiente, orgullosa y rebelde que llega al crimen parricida por seguir su pasión de venganza–, se ha transformado paulatinamente en el teatro español de las últimas dos décadas en aras de la reivindicación de la fuerza de la pasión sensual y la justificación de la desesperación femenina ante el abandono y la traición amorosa. Así, en algunos títulos teatrales recientes, se identifica a Medea como un símbolo de la lucha por la libertad del individuo frente al sistema y frente a las pautas de la moral social predominante. Es posible encontrar en este último sentido la interpretación del mito como motivo para la defensa de una más justa e igualitaria condición social femenina e, incluso, una lectura humanizada, 'comprensiva', de la actuación de Medea situada en el contexto actual de unas relaciones familiares cada vez más democratizadas y efímeras en las que resulta frecuente el estallido pasional de la violencia.

- Mª Francisca Vilches de Frutos
  'Identidad y mito en la escena española actual: Casandra como paradigma'

La escena española actual muestra la vigencia de los mitos para entender las profundas transformaciones experimentadas por la sociedad contemporánea, en especial, en la delimitación de los rasgos de identidad de sus individuos, en la comprensión de los problemas generados por la existencia de nuevos modelos sociales, en la definición de las emergentes relaciones surgidas por la consolidación de los mismos, y en la búsqueda de claves de comprensión para entender mejor estos cambios. Sin alejarse de la caracterización progresista otorgada por algunos autores españoles como Benito Pérez Galdós y Mª Luisa Algarra, que optaron por convertirla en símbolo de la lucidez del librepensamiento frente a los modelos conservadores, la Casandra actual rescata su condición de concubina de Agamenón y es presentada como un símbolo de la marginación, en una doble vertiente, la sufrida por todas aquellas mujeres victimizadas a manos del varón y la de todos aquellos seres que deben emigrar y abandonar sus países y costumbres para defender su dignidad. También se erige como una profetisa que alerta sobre los graves peligros de los planteamientos belicistas, aboga por el respeto a los derechos humanos, y advierte sobre las consecuencias de la deshumanización del entorno urbano.

- Wilfried Floeck
  'Mito e identidad femenina. Los cambios de la imagen de Penélope en el teatro español del siglo XX'

En la segunda mitad del siglo XX los mitos masculinos tradicionales parecen haber perdido importancia frente a los mitos femeninos. Esta tendencia puede observarse también en la plasmación dramática del mito de Ulises y Penélope en el teatro español del siglo pasado, que se analiza en el presente artículo. Frente a la desmitificación de Ulises podemos observar en el personaje de Penélope una recodificación del modelo tradicional de la mujer que conduce a la reafirmación tanto del poder exterior como de la fuerza interior de la heroína femenina.

- Anita L. Johnson
'La recreación del mito en el teatro de Alfonso Sastre: Inversión e intertextualidad en *El viaje infinito de Sancho Panza*'

Alfonso Sastre ha aportado al teatro español contemporáneo nuevas lecturas del mito –tanto de las figuras culturales o históricas de estatura mítica en la literatura universal como de las tragedias clásicas– que emparejan con la temática y las tendencias actuales. De hecho, el incorporar distintas estrategias narrativas o experimentales en sus tragedias complejas basadas en los mitos prueba que cuando se da la colisión del texto con nuevas experiencias estéticas, políticas e intelectuales, los clásicos vuelven a vivir. En el presente ensayo se discutirá en qué modo su recreación e inversión del mito de Don Quijote y Sancho Panza logran revivir a estos personajes para reflejar una problemática que acusa explícitamente la realidad de hoy.

Asociación de Hispanistas del Benelux

La *Asociación de Hispanistas del Benelux* (AHBx) tiene como objetivo principal fomentar el diálogo entre todos los hispanistas (incluyendo a latinoamericanistas) del Benelux. Aspira a ser la interlocutora oficial de la *Asociación Internacional de Hispanistas* y dar a conocer y estimular las actividades organizadas por y para hispanistas. Se propone también defender y fortalecer la posición de los hispanistas en el mercado profesional. La suscripción a la AHBx da acceso a una lista de correo electrónico informativo principalmente sobre becas, congresos, vacantes, bancos de datos de bibliotecas e investigadores, publicaciones. Su periodicidad es variable, con un mínimo de seis envíos al año. La suscripción es anual y comprende de enero a diciembre.

Comité organizador actual: Nadia Lie (presidenta-Bélgica), Tineke Groot (vicepresidenta-Países Bajos), Diana Castilleja (secretaria-Bélgica), Hub. Hermans (tesorero-Países Bajos), Michiel Baud (Países Bajos), Adri Boon (Países Bajos), Robin Lefère (Bélgica), Ilse Logie (Bélgica), Gijs Mulder (Países Bajos), Paul Van den Broeck (Bélgica), Isabel Yépez (Bélgica).

Cuotas		
5€ estudiantes, jubilados, desempleados	10€ público en general	____ € mecenas, miembro protector

El depósito se hará a nombre de: *Asociación de Hispanistas del Benelux*
Cuenta No. 3589081 - Groningen
IBAN-code: NL47PSTB0003589081 BIC-code: PSTBNL21
Mencionar el apellido del suscriptor y el año de cuota que se abona.

Es necesario enviar vía correo postal o electrónico los siguientes datos: Nombre, dirección, teléfono, correo electrónico y áreas de interés/afiliación, así como el comprobante del depósito a:
Secretariado de la Asociación de Hispanistas del Benelux,
Dra. Diana Castilleja, Katholieke Universiteit Leuven,
Departement Literatuurwetenschap,
Blijde-Inkomststraat 21, B-3000 Leuven
Información adicional: ahbx@arts.kuleuven.be

IBEROAMERICANA
AMÉRICA LATINA – ESPAÑA – PORTUGAL
ENSAYOS SOBRE LETRAS, HISTORIA Y SOCIEDAD. NOTAS. RESEÑAS IBEROAMERICANAS

IBEROAMERICANA es una revista interdisciplinaria e internacional de historia, literatura y ciencias sociales, editada por el Instituto Ibero-Americano de Berlín (IAI), el Instituto de Estudios Ibero-Americanos de Hamburgo (IIK) y la Editorial Iberoamericana / Vervuert, Madrid y Frankfurt.

IBEROAMERICANA aparece en forma trimestral e incluye cuatro secciones:

● **Artículos y ensayos** de crítica literaria y cultural, historia y ciencias sociales.

● Los **Dossiers** que en cada número se dedican a un tema específico.

● El **Foro de debate** con análisis de actualidad, comentarios, informes, entrevistas y ensayos.

● **Reseñas** y **Notas bibliográficas**.

Suscripción anual (4 números): € 60 Instituciones y Bibliotecas, € 35 Particulares, € 30 Estudiantes
Número individual € 16,80 (más gastos de envío)

ÚLTIMOS NÚMEROS PUBLICADOS:

N° 13: *Posdictadura/posmodernismo: La renegociación de identidades colectivas en la España democrática* ● N° 14: **Brasil 1964-2004**

IBEROAMERICANA Editorial Vervuert, Amor de Dios, 1 – E-28014 Madrid, Tel.: +34 91 429 35 22 / Fax: +34 91 429 53 97
VERVUERT Verlagsgesellschaft, Wielandstr. 40 – D-60318 Frankfurt am Main, Tel.: +49 69 597 46 17 / Fax: +49 69 597 87 43